日本に来たドラッカー

初来日編

トップマネジメント株式会社
山下 淳一郎

同友館

本書は、一九五九年に日本で開催された、ドラッカーの講演とセミナーの内容を綴ったものである。

巻頭～この書の成功を祈る～

ドラッカー学会顧問
野田一夫

ドラッカーが逝去して歳月が経つが、彼に対する日本のリーダーの関心が依然として高いことは、何よりも本書が物語っている。一九五六年に私が翻訳した、ドラッカーの著作『The Practice of Management』が『現代の経営』という書名で出版されるや、ベストセラーとなり、ドラッカーの名はたちまち日本中に知れわたった。そして、一九五九年、彼を日本に招聘して、箱根で開催することになった一般社団法人日本経営協会主催のドラッカーセミナーは大きな反響を呼び、その後も毎年日本の名だたる経営者を惹きつけてやまない名物行事となった。

一方、私と言えば、(ドラッカーは最後まで口にしなかったが、恐らく彼の推薦で)三〇歳そこそこでの身で愕《おどろ》くほどの好条件でマサチューセッツ工科大学に招かれ、二年間「企業経営の国際比較」というテーマで恵まれた研究生活を送ることができた。

今振り返ると、小学生の頃から日本の航空技師の先駆者であった父を尊敬し、その父を超える航空技師たらんと一途に東大工学部航空学科を志した少青年の私が、敗戦という思いがけない事態によってその初志を失い、結果として文系の大学教授としての人生を納得して送れたことは、一にかかって若い頃、ドラッカーに接し、〝企業経営〟を専門とする大学教授として生きようと志を新たにし得た結果である。

ドラッカーとは十八年の年齢差を超えて無二の親友となり、日本の〝講壇派〟経営学者からは絶対に得られない刺激と教訓を得ながら、私は〝規格外的〟な日本の大学教授として胸を張って人生を生き長らえることができた。

私が日本にドラッカーを紹介して以来、実に二世代、山下淳一郎氏によって、さらに一冊の〝ドラッカー書〟が世に出ることになったのを、私は我がことのように嬉しく感じている。ここに心から、この書の成功を祈るゆえんである。

まえがき

トップマネジメント株式会社
山下淳一郎

本書は実話である。

「売上のための経営」ではなく、「**人間のための経営を打ち立てた人**」を描いている。経営を創始し、経営を体系化したピーター・ドラッカーだ。

どんなに時代が変わっても、人間にとって大切なことは変わらない。むしろ、その大切さは時が経てば経つほど増していく。ドラッカーは、そんな大切なことを教え導いてくれる。『ビジョナリー・カンパニー』の著者、ジム・コリンズはこう語る。

「この世にあって何がしかの責任を担う者であるならば、ドラッカーとは、いま読むべきものである。明日読むべきものである。一〇年後、五〇年後、一〇〇年後にも読むべきものである。」

ドラッカーに影響を受けたリーダーは数知れない。マーガレット・サッチャー（イギリス元首相）、ビル・ゲイツ（マイクロソフト）、エリック・シュミット（グーグル）、アンドリュー・グローブ（インテル）、トーマス・ワトソン（IBM）、ジャック・ウエルチ（GE）、アラン・ラフリー（P&G）、フィリップ・コトラー（ノースウェスタン大学）などだ。

日本でもドラッカーと個人的に親交を結んだリーダーは少なくない。立石一真（オムロン）、盛田昭夫（ソニー）、小林宏治（NEC）、伊藤雅俊（セブン&アイ・ホールディングス）、飯島延浩（山崎製パン）、中内　㓛（ダイエー）、酒巻　久（キヤノン電子）などだ。そして、ドラッカーを書中の師としたリーダーは多くいる。小倉昌男（ヤマト運輸）、茂木友三郎（キッコーマン）、福原義春（資生堂）、中村邦夫（パナソニック）、江副浩正

（リクルート）、小林陽太郎（富士ゼロックス）、古河潤之助（古河電工）、下山敏郎（オリンパス）、鈴木哲夫（ＨＯＹＡ）、佐藤安弘（麒麟麦酒）、孫正義（ソフトバンク）、柳井正（ファーストリテイリング）、澤田秀雄（エイチ・アイ・エス）、南部靖之（パソナ）、志村なるみ（ＡＢＣクッキングスタジオ）、笠原健治（ミクシィ）などだ。

ドラッカーと深い親交があったセブン＆アイ・ホールディングス名誉会長の伊藤雅俊はこう語る。

「ドラッカー先生の一言一言の重みを、今でも、折に触れ感じています。時代はまさに激動しています。ドラッカー先生の教えが、今なお評価され続けているのもわかるような気がいたします。」

また、ファーストリテイリングの会長柳井 正はこう語る。

「なぜドラッカーか。根本の問題を意識させてくれるからです。何のためにわれわれの会社があるのか。社員は会社組織でどのような仕事をなすべきか、社会における個人とは何か。そういった誰もが前提として疑わないこと、本質的な問題に問いを投げかけ、答えてくれている。ドラッカーの書いたものを読むと、自分がぼんやり考えていたことはこういうことだったのではと得心がいくのです。」

私は、ドラッカーをはじめて日本に招いた一般社団法人日本経営協会で講師の一人として仕事をさせていただいている。

ドラッカーがはじめて日本に来た時に行った講演とセミナーを、日本経営協会の協力を得て、その時の記録と録音テープをもとに、実話としての正確さを保ちつつ、読者にとって興味を持ってもらえるであろう内容にまとめた。

実際にあったことを知るということは、何かを変えようとした人間を学ぶことになる。たまたま起こったかのように見える歴史の動きの背景には、たまたまでは語れない人間の意志がある。**意志をもって何かを変えようとした人間を学ぶと魂が洗われる**。

ドラッカーは、「違う自分になること」よりも、「**今の自分を高めること**」の大切さを教えてくれる。そして、「**明日のために今日何をすべきか**」を気づかせてくれる。

この本を読むと、

「明日のために今日何をすべきか」

を見いだすことができる。

あなたのさらなるご活躍と、あなたの会社のさらなる発展のために、この本を役立てていただきたい。**あなたのご活躍とあなたの会社の発展が、社会に繁栄をもたらすこと**こそ、私の強い願いである。

CONTENTS

第3話

ドラッカーの講演「日本は世界の見本となる」

一九五九年七月七日　東京

CONTENTS

第6話

ドラッカーのセミナー3日目「組織の人間関係」

一九五九年七月一七日　箱根

第7話

ドラッカーの手紙「日本へのメッセージ」

一九五九年八月二〇日　デンバー

CONTENTS

第1話

ドラッカーの初来日

「ドラッカー招聘」

一九五七年　ドラッカーへの講演依頼

人間の幸福を脅かすもの

私たちの課題

はるか昔、私たち人間は、狩りをしながら移住生活をしていた。やがて火を使うようになり、食糧の保存を覚えた。狩りの時間が縮まった分、人は灯した火に集まるようになり、そこに社交が生まれた。そして、農耕を知り、定住生活をするようになって、人口が増え、文明が生まれた。

紙の発明によって、情報の伝達範囲が広がり、各地で様々な文化が形成されていった。

第1話

ドラッカーの初来日「ドラッカー招聘」

一九五七年　ドラッカーへの講演依頼

西洋では聖書、東洋では法華経という代表的な書物が登場し、人間の精神性を高めていった。一方、それらは正義を主張する道具として悪用され、各地で争いが起こった。

馬と小船が人間の交通手段であり、情報の伝達手段だった。その後、鉄道と大船が発明され、人間と人間の交流は、国と国の交流に発展し、貿易が生まれた。貿易は経済の発展を加速させたと同時に、国と国の間に利害競争を生んだ。

一七七五年、イギリスの力に頼らなくても発展していける力を持った一三の州が独立戦争を起こし、アメリカが誕生した。同じ頃、フランスはまだ「王が市民を支配する社会」だった。一七八九年、「市民のための社会」に変えるという革命が起こった。

時を経て、地球の東側は「人々はみんな同じレベルの生活をしよう」という考えが強く、地球の西側は「それぞれ自分で頑張って豊かになろう」という考えが強かった。その二つの考えが対立していった。前者は競争がないため経済の発展は遅れ、貧困が争いを生んだ。後者は競争による格差が争いを巻き起こした。様々な考え方が幾重にも折り重なって、社会は混迷の度を増していった。

テロ、領土、資源、食糧、エネルギー、経済、貿易摩擦、戦争、人口、貧困、民族対立、核等々、現在、私たちの前にたちはだかる難問はあまりにも多い。国際関係の複雑さは増し、諸国間の相互依存関係が、かつてないほど結びつきを強めている今日、どの問題をとりあげてもみても、一つ対応を誤れば、人類の屋台骨を揺るがしかねない危険性を内包している。

良くないことは気がつかないうちに進んでいく

時は流れている。ありとあらゆるものが変わっていく。社会は常にその姿を変えながら次の社会へ向かって進んでいく。一瞬たりとも、そのままでいるものはなく、良い方向に変わっていくか、悪い方向に変わっていくか、そのどちらしかない。

問題は、良く変わりつつあるか、悪く変わりつつあるか、それに気づかずに進んでしまうことだ。それは、昔の問題であったと同時に今日の問題である。そして、それは社会の問題であると同時に、企業の課題であり、私たちの課題である。

あなたが、いまカフェでコーヒーを飲んでいるとする。その間に、お金の価値が変わり、会計のときに五〇〇円だったコーヒーが五〇〇万円になったら、あなたはどうするだろうか。また、毎朝食べている二〇〇円のパンが、ある日突然二〇〇〇万円になったら、あなたの生活にどんな変化が起こるだろう。

一九二三年、ドイツでそんなことが現実に起こった。お金の価値がめちゃくちゃになり、深刻な経済危機を招いた。

「薪を買うならお札を燃やした方が安くつく」

と言われたほどだった。こうした経済の危機は、ドイツの人々の生活を窮地に追い込んでいった。

そして、一九二九年、史上最大の不況が世界を襲った。アメリカは、「自分の国のお金が他の国に出ていかないようにしよう」と考え、他の国から入ってくる物に高い税金をかけた。

ドイツは輸出もうまくいかなくなった。六〇〇万人の人が仕事を失い、生活はどん底に突き落とされた。人々は、この経済危機を解決してくれる強いリーダーを待ち望んだ。

そこに現れたのが、ヒトラーだった。

彼は、人々にとって経済危機を解決してくれるリーダーだった。聴衆を奮い立たせるようなヒトラーの街頭演説は、人々の心を揺さぶり、多くの人を魅了した。

その頃、オーストリアのウィーンで生まれ育ったドラッカーは、ドイツのフランクフルトにいた。新聞社で記者として働いていた彼は、二二歳から二三歳の時、ヒトラーに何度もインタビューをした。

ヒトラーの秘めた狂気にいち早く気づいたドラッカーは、仕事上、政府関係者やマスコミ関係者に会うたびに、それを伝えた。

「ヒトラーは、このままだと国のトップになってしまいます。そして、他の国を攻めて、大量殺戮をはじめます。」

第1話
ドラッカーの初来日「ドラッカー招聘」
一九五七年　ドラッカーへの講演依頼

アドルフ・ヒトラー（1889-1945）（写真提供：アフロ）

ドラッカーは、いま迫っている危険を訴えた。

「あははは。そんなこと本当にやるわけがないだろ。」

政府の人間は、ヒトラーは口先だけだと、たかをくくっていた。

「ヒトラーなんて、その気になればいつでも潰せるさ。」

マスコミ関係者は、ヒトラーを甘く見ていた。

ドラッカーの声に、耳を傾ける者は一人もいなかった。そればかりか、ドラッカーの主張を鼻で笑った。

新聞にヒトラーを批判する記事が掲載されるようになり、ヒトラーの考えはただの夢想に過ぎないとわかってもなお人々は、彼の演説に熱狂した。人々がヒトラーに熱狂したのは、他の人がヒトラーに熱狂していたからだった。社会に対する不安が人々の熱狂を駆り立てた。

蜃気楼とは、大気中の光が曲がり、存在しない物が見える現象のことを言う。ヒトラーの演説は、まさに蜃気楼だった。仕事を失い、生活に困った人々は、知らぬ間に一縷《いちる》の望みをヒトラーに託していった。

良くないことは気がつかないうちに進んでいく――。このとき、まさに、良い方向に変わっているのか、悪い方向に変わっているのか、それに気づかないまま、何かが進んでいった。

自ら由（みずからよし）と言えるもの

「みんながそう言っているからそうだろう」「みんなが大丈夫と言っているから大丈夫」という考えは恐ろしい。時として道を誤り、時には道を失う。

大勢の人々が「それもありだ」と言っている時に、自分一人が「それは違う」と言うのはかなりの勇気が必要だ。しかし、それが私利私欲のためでなく、世のため人のためという考えに基づくものであれば、その主張を貫くべきだ。

「みんなはそう言っているけどそれは違う」「みんなが大丈夫と言っているけど大丈夫じゃない」

という声をあげたのが、ドラッカーだった。一九三三年、彼はナチスに対抗する書物を書いた。ドラッカーは、身の危険を顧みず、正面からナチスに反対する意思を示したのである。

はじめは小さな政党に過ぎなかったナチスは、一つの国を意のままに操る巨大な怪物に育っていた。その年ヒトラーは首相となり、翌年の一九三四年には、首相と大統領を兼ねた最高権力を握る職に就いてしまった。

「ヒトラーは、このままだと国のトップになってしまいます。」

ドラッカーの言っていたことが、現実のものとなってしまった。

ヒトラーは、「経済危機を解決してくれるリーダー」ではなく、「人間の幸福を脅かす暴君」だと、人々が気づいたときは遅かった。

自分で自分の人生を決めることができ、自ら由（みずからよし）と言えるもの——。

巨大な怪物は、人々からその自由を奪った。ヒトラーの意に反する者は、投獄され、処刑された。人々は生きるために服従する以外になかった。

ドラッカーが書いた書物は、ナチスによって回収され、焼き捨てられた。ナチスに対抗する意思を示したドラッカーに、ナチスの追手が迫ることは明らかだった。当時二四歳だったドラッカーは、身に迫る危険を案じ、ドイツを離れてイギリスのロンドンに移り住んだ。

ドラッカーは、以前、フランクフルト大学の授業でドリスという女性と出会った。そして、ロンドンの地である日、ドリスと偶然再会した。

ドラッカーはエスカレーターの下から、ドリスはエスカレーターの上から、お互い〝あっ〟と気がついたものの、エスカレーターは止まってくれない。そのまますれちがいの悲劇。ふたたびエスカレーターに乗り、ドラッカーはドリスが下っていった一階へ、ドリスはドラッカーが上がっていった二階へ。またもやすれちがい。これを四度繰り返した。これをきっかけに、二人の仲は急速に近づいていった。しかし、両者の親は、二人の交際についてはじめは難色を示したらしい。

ドラッカーはオーストリア人で、ドリスはドイツ人。隣り合った国というのは、えてして仲が良くないものだ。オーストリア人にいわせると、ドイツ人は本を読んではビールばかり飲んでいる。ドイツ人にいわせると、オーストリア人は楽器ばかりいじって騒いでいる。そんなことから、両者の家庭では一応の反対はあったが、二人の仲は、そんなことを問題にせず、めでたくロンドンで結ばれた。

人間が人間のために生きる社会を

一九三九年九月、ヒトラー率いるナチスは他の国に攻め入った。ナチスがあげた戦火によって、ヨーロッパは戦場と化した。

そして、特定の人間に対して、残忍極まりない大量殺戮をはじめた。

幼子を抱える母は射殺され、家族を持つ夫は殴殺された。多くの人がヨーロッパの中心にある施設に連行された。そこに着くとすぐ、人々は、靴を取られ、服を脱がされ、髪を切り落とされた。身に着けていた金品はすべて没収された。眼鏡を取られ、金歯も抜かれた。体の不自由な人が身に着けていた義手や義足も容赦なくはがされた。昨日まで平穏な日々を暮らしていた、なんの罪もない人々である。

力仕事に適さない人は、シャワー室に連れていかれ、毒ガスで殺された。口から泡を吹き、耳、目、口から血を流して息絶えた。その多くが、女性や体の弱い老人だった。泣き

第1話

ドラッカーの初来日「ドラッカー招聘」

一九五七年　ドラッカーへの講演依頼

1939年施設に連行された人々（写真提供：アフロ）

叫ぶ赤子は火の中に投げられ、小さな子どもは凍てつく川に一晩中立たされ凍死した。

力仕事に適する人は、辛い仕事をさせられて過労死し、何も食べさせてもらえずに餓死し、時には見せしめのために射殺された。

麻酔なしで人体実験にされた人の数は二万人にも及んだ。今日か、数日後か、数週間後か、数か月後かという日数の違いだけで、待っているのは「死」だけだった。どんな哀訴も通じなかった。一日に数千人の市民がそのような目にあった。皆殺しである。

その施設は、断末魔の絶えない殺人工場だった。倉庫に置かれた物のように山積みにされた無数の死体は、アルカリ性の溶液で茹《ゆ》でられ、石鹸の原材料とされた。まるで殺戮が正当な行為であるかのように、それは白昼、公然と行われた。

当時は、携帯電話もｅメールもフェイスブックもＬＩＮＥもない。口封じに殺されてしまえば、情報はそこでとどまり、そこで行われていることは広がっていかなかった。

そんな恐ろしいことが起こっているとは知らずに、毎日毎日、大勢の老若男女が、その殺人工場に運ばれていった。

「そして、他の国を攻めて、大量殺戮をはじめます。」

ドラッカーの言っていたことが、またしても現実のものとなってしまった。

ヒトラーがヨーロッパで行ったことは、戦争ではなく人種絶滅の大量殺人である。平穏な日々を送っていた人の人生を壊し、命まで奪うことなどあってはならないことだ。

私は、人間が人間のために生きる社会を作る英知を発明することなどできない。しかし、その英知がどこかにあるなら、その英知を使って、人間が人間のために生きる社会を作ることに、自分の人生を使いたい。

本質を見抜く英知

人々の支持がなければ、ナチスは誕生しなかった。人々はなぜヒトラーという一人の人間の狂気が現実になることを許してしまったのか。人々が作った同調圧力に人々が同調してしまったからか。あるいは、事態の良し悪しの判断に至るまで時間を要したからか。

そこに、なんらかの思想的背景がなければ、このような惨事はけっして起こらない。

ドイツは、「それぞれ頑張って豊かになろう」という考えで、民営企業は良い物を提供しようと自由に競争していた。同じ頃、ソ連は「みんな同じ生活をしよう」という考えで、国が経済をコントロールし、国営企業が物をつくり、生活に必要な物は国が人々に配っていた。実際には、必要な物は人々に行き渡らず、ソ連の人々は貧しい生活を強いられていたが、当時、ソ連国内の情報は外に出ることがなかった。ドイツの人々にとっては、国が経済をコントロールしているソ連がうまくいっているように思えた。

「頑張って豊かになろうと働いてきたのに生活がめちゃくちゃになってしまったじゃないか。いったい、どうしてくれるんだ。」

不安に陥ったドイツの人々は、

「頑張って豊かになろうという時代は終わったんだ。これからは、国に経済をコントロールしてもらう時代だ。」

と考えた。


「人の考えを無視して強制的に一つの考えにまとめること」をファシズムと言う。そして、「人の命より国の主張を優先する思想」を全体主義と呼ぶ。ドイツのナチスは、まさにそれだった。戦前、戦中の日本も全体主義だった。


飢えと失業に対する不安がナチスの台頭を許し、社会に対する失望が全体主義を生んでしまった。人々は、

「まともな暮らしができるなら、どんな社会になってもいい。」

という考えになった。社会は、人間の豊かな精神があってはじめて成り立つ。社会の発

展といっても、それは、人間の絆が生み出す活力の結果だからだ。社会は既に崩壊していた。崩れ去ったものに変わる新しい力を必要としていた。
ドラッカーはこう言った。

ファシズム全体主義の脅威に対抗するための唯一の方策は、われわれ自身の社会に新しい基本的な力を呼び起こすことである。もちろん、そのような力は簡単に呼び起こせるものではない。新しい秩序を簡単に生み出す方法はない。

二八歳のドラッカーは、これからの社会に生まれるであろう新しい力を探求していた。全体主義は、「私は全体主義です。だから、気を付けてください」と言って現れない。はじめは何が何だかわけがわからない。しかし、気がついた時にはもう遅い。なんとも扱いにくい魔物である。
ナチスの横暴が進んでいくのをじっと見ていた人は、過去を思い返し、次のように言った。

「ナチスが他の党員を攻撃した時、自分はその党の人間ではなかったので気にしなかった。ナチスが新聞社を襲った時も、不安な気持ちになったが、抵抗しなかった。ナチスはある人種の絶滅を主張したが、自分はドイツ人なので、何もしなかった。そして、ナチスは教会を攻撃した。自分は教会の人間だったので、そこではじめて抵抗した。しかし、その時は手遅れだった。」

「起こった後に反応すること」と「起こる前に対応すること」はまったく違う。

大変なことが起こっていることはわかりつつも、火の粉が、直接、自分に降りかかるまでは、実感が持てないものだ。それが大きくなる前に、起こっていることの本質を見抜かなければならない。

全体主義は、一人ひとりの英知が啓発されることによってのみ防ぐことができる。

では、その英知とはいったいなんだろうか。

第1話

ドラッカーの初来日「ドラッカー招聘」

一九五七年　ドラッカーへの講演依頼

勇気ある先駆者

一九四一年一二月、日本、アメリカ、イギリスが戦争を始めたことによって、ヨーロッパの戦火は世界に広がり、人類史上最大の戦争へと突き進んでいった。

第二次世界大戦である。

一九四五年五月、ドイツが負けを認め、大戦は終局に近づいた。世界の関心はヨーロッパから日本に集中した。日本だけが世界を相手に戦いを続けることになったからである。しかし、対戦相手の主役は、アメリカに変わりなかった。

同年八月、一日夜から二日未明にかけて、茨城県の水戸市、東京都の八王子市、立川市も攻撃を受けた。この日、富山県も空襲され、市は炎上した。六日は、関東では群馬県に、関西では兵庫県にと、本土全域がB29四〇〇機によって殲滅《せんめつ》した。

この日の朝、恐るべきことが広島におきた。人類最初の原子爆弾の炸裂である。B29二

1945年8月6日 広島（写真提供：アフロ）

機が、広島上空に飛来し、上空六〇〇メートルで何かが光った瞬間、広島は廃墟と化した。その惨状は、この世のものと思えぬ地獄そのものだった。一発の爆弾が、日本に捕らえられていたアメリカ兵と諸外国の人々を含む、二〇万人以上の死傷者を生んだ。広島に次いで、九日には長崎に原爆が投下され、一〇万人以上の命が失われた。

もし今日、ふたたび世界規模の争いが起これば、一瞬にして人類は滅亡するだろう。ほんのわずかに生き残った人間が、山野で獣のように生きるだけの世界となる。

第1話

ドラッカーの初来日「ドラッカー招聘」

一九五七年　ドラッカーへの講演依頼

当時、アメリカとソ連の二つの大国は終戦を急いでいた。戦争を終わらせた方が、終戦後の政治的主導権を握れるからである。アメリカは、自分たちが戦争を終わらせた既成事実をつくるために、原子爆弾で大国の脅威を世界に示した。

人間の幸福を破壊し、人間の命を奪ったものは、戦争ではなく、戦争を起こした人間だった。

人間は、この小さな地球で、悲惨な殺し合いを起こしてしまった。兵器や銃弾によるものだけではなく、食糧が尽きて餓死した人も数知れなかった。

日本は三一〇万人、その他諸外国は、アメリカ一〇八万人、ソ連二〇一三万人、ドイツ一〇五〇万人、イタリア七八万人、フランス七五万人、イギリス九八万人、中国二〇〇〇万人、朝鮮半島二〇〇万人、台湾三万人、フィリピン一〇〇万人、タイ八〇〇〇人、インドネシア二〇〇万人、ベトナム二〇〇万人、インド三五〇万人もの人たちが、魂だけの存在となった。

ここで伝えたいのは、その数の多さではなく、一人ひとりの命の重たさだ。一人ひとりが、誰かの父であり母であり、誰かの息子であり娘である。そして、誰かの兄であり弟であり、姉であり妹である。

あまりにも痛ましい戦火で命を失った人たちに、哀れな犠牲者という言葉は使いたくない。未来への教訓を与えてくれた勇気ある先駆者という言葉を、私は使いたい。

英魂に合掌。

教訓の世紀

宇宙には五〇〇億個の星雲の群れがある。その中に、銀河系という一〇〇〇億以上もの星の群団があり、その銀河系の中に、太陽を中心にぐるぐる回っている八つの惑星がある。水星は太陽に一番近く、約六〇〇〇万キロ離れた軌道の上を、毎秒四〇キロの速さで公転し、八六日で一回転を終わる。海王星は太陽から一番遠く、約四五億キロ、毎秒四・六キロの遅い速度で、約一六五年かけて一回の公転をしている。水星は、太陽の強い放射熱があるために、生物の存在は考えられていない。海王星は、あまりに冷たくて、生物は存在できないと考えられている。

地球は、太陽と約一億五〇〇〇万キロの軌道の上を自分で回転しながら、毎秒約三〇キロの速度で、三六五日強で、一回の公転を終えている。もし地球が回転していなければ、太陽の光を浴びる半分は灼熱の地となり、太陽の光を浴びないもう半分は極寒の地となって生物は生存できない。不思議にも地球だけが、生物の生存に適している位置にあって、生物が生存できる運行を続けている。それは、誰かに命じられたわけでもなく、過去何百億年も前から、一定の秩序で動き、一瞬たりとも止まることなく動いている。

このような事実を知ってしまった人間の知恵は計り知れない。その人間は様々な発明を生み、文明をつくっていった。

文明の発達は、人間に関する探究を細分化し、専門化し、ついには人間本来の主体性を見失うところまで来てしまった。これが、一九世紀から二〇世紀にかけての社会の姿だった。

平和は世界共通の願いである。その一方で、「人類の歴史は戦争の歴史」と言われるほど、絶えず戦争を繰り返してきた。生物学者によれば、同じ種同士でこれほど残酷な殺し合いをするのは人間だけだという。

歴史は変えられないが、未来は変えられる。殺戮の世紀を教訓の世紀にすることによって――。現実から得る教訓の中にこそ英知がある。

ドラッカーはこう言った。

われわれは今日、そのような新しい秩序に基づく新しい力が、現在の社会のどこに潜んでいるかを知らない。ましてや、それらの力が、戦争という恐るべき試練によって、はたして顕在化しうるか否かを知らない。しかしわれわれは、そのような力が出現することを邪魔しないようにすることはできる。

ドラッカーは、人間に主体性をもたらし、人が安心して生きていける社会をつくる、その英知の出現に思いを巡らしていた。

人間が人間らしくあるために

リーダーの強い想い

一九四五年、日本の社会は壊滅した。生き長らえた人々は、親を失い、子を失っても、その苦しみに堪えていた。あばら屋で雨風をしのぎ、乏しい食糧でかろうじて飢えをしのいだ。

戦前、平時の日本国民の平均摂取カロリーは二一六〇だった。この時の国民の一日の摂取カロリーは一二〇〇カロリーにまで落ちていた。じっと動かずにいるよりしかたのない

栄養量だ。動いたりすれば、それだけ栄養失調の症状をきたすわけである。国民は、服はだぶだぶになり、息切れがし、無気力になっていく日々と戦った。

エネルギーの不足も著しく、「この冬は燃料不足で二〇〇万人から三〇〇万人の凍死者が出るおそれがある」という警告が出た。

企業向けに精密機器を作っていた立石電機（現オムロン）は、戦前二五〇人いた社員が戦後三三人になっていた。そんな中、創業者の立石一真は家庭向けに電熱器を作りはじめた。寒さに震え凍える人々に、なんとか暖を提供したいという想いからだった。

松下電器（現パナソニック）は、満州、朝鮮、台湾の現地法人、そして、上海、マニラの工場など、海外の事業所二〇ヶ所すべてを失った。ＧＨＱから軍需産業とみなされ、製造する製品は強制的に制限されていた。そんな中、創業者の松下幸之助は洗濯機の製造をはじめた。日々の生活に苦しむ主婦に、少しでも楽をしてもらいたいという想いからだった。

トヨタは、アメリカの空襲で工場の約四分の一が破壊された。約九五〇〇人いた従業員は七四〇〇人に減っていた。社長の豊田喜一郎は、「日本が復興するのにトラックは重要な道具である。トヨタはそれを供給する責任がある。そのつもりで再出発しよう」と強い意志を表明した。

そこには、これまで当たり前としてきたものにしばられず、慣れ親しんだやり方に流されず、自らの制限を打ち砕いて、新しい構想に向かって挑んだリーダーがいた。

マネジメントこそ全体主義に代わるもの

一九五〇年になると、多くの企業が破綻に追い込まれ、倒産件数は一万一〇〇〇件を超え、五〇万人以上の人が職を失った。たくさんの社員を抱えた大企業も、資金力のない中小企業も喘いでいた。経営者は活路を探し、事業の再建に奔走した。彼らは、目に涙を滲ませる暇さえなく働いた。給料日になると、社員の誰かが恐る恐る社長に聞いた。

「社長、給料出るんですか……?」

「申し訳ない。金がない。これを売って何とかしてほしい。」

そういって、経営者は身の回りの物を社員に差し出した。経営者はあらゆる人に頭を下げ、再建に全力を尽くした。彼らには、どん底に落とされた人々の生活を少しでも豊かにしたいという強い想いがあった。社会に貢献するという使命感があった。私は、当時の経営者を美化しようとしているわけではない。当時、立石電機(現オムロン)の創業者立石一真は社員にこう言っていた。

「企業は利益追求のためのみにあるのではない、社会に奉仕するために存在するのだ。」

そして、「われわれの働きでわれわれの生活を向上し、よりよい社会をつくりましょう」という標語を名刺に印刷し、自分たちはこの精神で働いている、ということを内外に示した。立石電機(現オムロン)はその後、自動改札機、自動販売機、ATM、新幹線や自動車の速度メーターなどを発明し、私達の生活を便利なものにしてくれた。現在では、血圧計は世界トップシェアを誇り、多くの人の健康を見守る役目を果たしている。

「機械にできることは機械に任せ、人間はより創造的な分野での活動を楽しむべきである。」

これが、立石の人間の尊厳に基づく信念だった。揺るぎない立石の考えは明快であり、一貫性があった。

焦点の定まった考えが、組織の拠りどころとなる。それが、秩序ある全体を生んでくれる。ドラッカーは、そんな立石と三〇年の長きにわたって交流を深めた。立石をはじめ、多くの経営者がドラッカーを慕うのは、ドラッカーが学識に優れているだけではなく、

〝私たち一人ひとりが価値ある人生を送れる社会であるために必要なことは何か〟

といった大切なことを考えさせてくれ、私たち一人ひとりの英知を啓発してくれるからだ。

ドラッカーはこう言った。

自立した組織をして高度の成果をあげさせることが、自由と尊厳を守る唯一の方策である。その組織に成果をあげさせるものがマネジメントであり、マネジメントの力である。成果をあげる責任あるマネジメントこそ全体主義に代わるものであり、われわれを全体主義から守る唯一の手だてである。

私たちが日々、仕事を通して社会と関わり、力を合わせて成果をあげていくことが、人間が人間らしく生きていける社会を守る手立てなのだ。意思を持って未来を描き、物事を良い方へ変化させていくことこそマネジメントである。

英知とは、「頭の良さ」ではなく「善き志」のことである。

事業の成功と社会の繁栄

マネジメントの良し悪しで社会が決まる

もともと、私たちの暮らしはすべて自給自足だった。明かりが必要な時は火を起こし、水が必要な時は川に行った。種を植えて野菜を育て、山へ行って山菜を採取し、鶏を育てて卵を食べた。

やがて物々交換が始まって物が流通し、貨幣があらわれ、経済が生まれた。明治時代になってはじめて株式会社という組織形態が登場し、私たちの仕事と生活を大きく変えた。

株式会社の出現によって、私たちの仕事は「主人のために体を動かすこと」から「**組織の**

ために知恵を使うこと」に変わった。

現在は、スイッチを押さなくてもセンサーで自動的に電気がつき、蛇口をひねれば水が出る。スーパーに行けばお惣菜があり、コンビニエンスストアではお弁当も買える。レストランで社交を楽しみ、カフェでくつろげる。物を届けたい時は宅配便を利用する。欲しい物をネットで注文すれば翌日届くようにもなった。このように、かつて人々は自給自足していたが、今ではすべて企業が作った物を買って生活している。

〝私たちの暮らしは、企業が作り、企業が提供するものですべて成り立っている。〟

交通事故が起これば救急車が駆けつけ、火災が起これば消防車が火を消しに来てくれる。体調が悪くなれば診察してくれる病院がある。人だかりの多い繁華街では警察が常にパトロールしている。山で遭難すればレスキュー隊が助けに来てくれる。

〝私たちの安全は、それぞれの分野で運営される組織の働きによって支えられている〟

のちに、ドラッカーはこう言った。

いまや、あらゆる先進社会が組織社会になった。経済、医療、教育、環境、研究、国防など主な社会的課題はすべて、マネジメントによって運営される永続的存在としての組織の手にゆだねられた。一人ひとりの命とまではいかなくとも、現代社会そのものの機能が、それらの組織の仕事ぶりにかかっている。

人間が人間らしく生きていける社会

社会とは、人と人が関わり合いながら生きていく場である。

「官」と「民」だけでは人間が豊かに暮らせる社会と成り得ないことを歴史は証明した。

一人ひとりの人間が、安心して日々を過ごせる社会であるためには、「公」が必要だ。

「公」とは、共感という絆で結ばれた組織のことだ。その組織の代表格が、企業である。

もちろん、企業は社会を構成する一つに過ぎない。

しかし企業の経営者が現代の社会において権力を持つに至った。今日では、経営者の決定が、そこで働く、数十人、数百人、数千人、あるいは、数百万人、数千万人の生活に大きな影響を与える。

社長や専務が、または、驚異的な成績を築き上げてきた四番バッターの営業部長がヒトラーだったら、その下で働く人は大変だ。

上司に間違いがある時は、部下から良識の声が上がり、部下に間違いがあれば、上司から修正の手が入ることが健全な組織と言える。**物の道理に上も下もない。**

健全な組織なくして個人は安心を得られず、個人の尽力なくて組織の運営は成り立たない。**道理に適った組織運営こそが、健全な社会を成り立たせる。**

すべての組織が社会の問題を解決するためにある。あらゆる事業がお客様に喜んでもらうためにある。マネジメントは、お客様に対する想いから始まり、お客様の喜びで終わるものだ。**お客様への想いがなければ何も始まらないし、お客様の喜びがなければ何も終わらない。**

企業が「わが社のために」という考えで事業を進めていけば、組織はやがておかしくなる。それは、「お客様への貢献」より「組織への忠誠」が優先され、社会にとって正しくないことが、組織にとって正しいことになってしまうからだ。ゆえに、企業は、「会社のために」ではなく、「**社会のために**」という考えに軸足を置かなければならない。

ドラッカーはこう言っている。

―――――――

組織は、それ自身のために存在するのではない。それは手段である。それぞれが社会的な課題を担う社会のための機関である。生き物のように、自らの生存そのものを至上の目的とすることはできない。組織の目的は、社会に対する貢献である。

社会に対する使命に基づいて組織が運営され、そこで働く一人ひとりが、想いを合わせて社会に良い影響をもたらすこと――。それこそが、人間が人間らしく生きていける社会の姿であり、その英知が〝**マネジメント**〟なのだ。

事業の成功が社会に繁栄をもたらす

マネジメントは、「命令で運営するもの」ではなく、「**責任によって運営されるもの**」だ。ここで言う責任とは、「失敗したら評価が下がる恐怖感のこと」ではなく、「**成功への挑戦を許された躍動感のこと**」だ。

事業が成功するかしないかは、リーダーがその務めを果たすかどうかによって決まる。

現代の企業に求められているリーダーの務めをドラッカーは一つの本にまとめた。それが、一九五四年に発刊された、『The Practice of Management』だ。この本は、ドラッカーがゼネラル・エレクトリック社のコンサルティングを手がけた時の経験から生まれた実践の書である。一九五六年には『現代の経営』として和訳され、日本のリーダーに力を与えた。一九五四年に書かれたものでありながら、その内容は、いま、私たちが直面している問題にぴったり当てはまる。

当時、立石一真は、「これは、経営のバイブルだ」と言っていた。『現代の経営』は、時代を超えて今も読み続けられている。ある大手銀行の会長は役員に、マネジメントの本で一冊だけ読むとしたら、『現代の経営』にしなさいと繰り返し言っている。その『現代の経営』は、次の言葉ではじまる。

> マネジメントは、事業に命を吹き込むダイナミックな存在である。そのリーダーシップなくしては、生産資源は資源にとどまり、生産はなされない。彼らの能力と仕事ぶりが、事業の成功さらには事業の存続さえ左右する。

一九五四年、日本は、敗戦の痛手から早くも抜け出し、新たな未来を創る意欲と活気に溢れていた。この頃の日本は、海外の紛争を背景に、爆発的な好景気が起こっていた。それはのちに、日本の高度経済成長のはじまりと言われた。

成長する企業には使命がある。使命を共有した組織は、事業を発展させ、社会に繁栄をもたらす。そこには必ずマネジメントがある。

事業の発展も、社会の繁栄も、一人のリーダーが強い意思をもって、他の人の力を借りながら、マネジメントを行った結果である。

一九五四年に始まった高度経済成長期は、マネジメントブームが起こっていた。マネジメントブームを起こしたのが、ドラッカーだった。

ドラッカーは、より良い社会を創り出すため、マネジメントという英知を世に広めた。

そして、マネジメントを真摯に学んだリーダーが、時代を大きく動かしていった。

ドラッカー招聘はこの時決まった

ドラッカーを日本に呼ぼう

一九五七年の秋、三人の男が話をしていた。

社団法人日本事務能率協会（現一般社団法人　日本経営協会）理事長の根上耕一、常務理事の竹内正治、梅田浩だった。同会は、一九四九年に設立された通商産業省（現経済産業省）所管の公益法人として、行政機関の下支えを担う組織である。

根上は五四歳、竹内は四四歳、梅田は三二歳。三人は、その日の仕事を終え、遅い夕食を済ませたあと、大阪のホテルで仕事の打ち合せをしていた。唐突に根上が言った。

「ドラッカーを日本に呼んでセミナーをやりたいと考えているんだが、どうだろうか?」

竹内も梅田も、予想もしない根上の言葉に驚いた。

根上は、このところずっと考えていることがあった。はっきりとした価値観が打ち立てられ、それが共有されていれば、失敗することはあっても、人の道を踏み外すことはない。事業を成功させるためには、能力だけでなく、人間性が必要だ。

そして、根上は冷めたコーヒーを飲みながら、こう言った。

「経済学者は、まるで人間が経済に動かされているみたいなことを言う。人間がいるから経済が動いているんじゃないか。**経済を動かしているのは人間だ。**

人間はおカネのために働いているわけじゃない。

自分の人生、自分の家族のために働いているんだ。

意志ある人間が働くから経済が動いているんだ。

いい商品、いいサービスをつくり出しているところは、必ずいいリーダーがいる。

第1話

ドラッカーの初来日「ドラッカー招聘」

一九五七年　ドラッカーへの講演依頼

いいリーダーは、必ず社会に向けた使命とビジョンを持っている。

社員はその使命とビジョンに共感して働いているんだ。

だから社員がどんどん育っていく。だから会社も良くなっている。

そんな会社がもっと増えれば、日本はもっと力を発揮できると思う……」

この言葉に続けて言ったのが、

「日本にドラッカーを呼んでセミナーをやりたいと考えているんだが、どうだろうか？」

であった。


「えっ！　ドラッカーですか!?

ドラッカーならこれからの日本の発展によいきっかけを与えてくれると思います。

ドラッカーが来たらすごい大イベントになりますね。

しかし、来てくれますかねぇ……。」


そう言ったのは、竹内だった。

「では、ドラッカーを日本に呼ぼうじゃないか！」

根上はたたみかけるように言った。根上は常に情熱的だった。竹内も賛成した。梅田もうなずいていた。何事もその第一歩は、一人の人間の強い想いからはじまる。やむにやまれぬその想いが何かを突き動かしていく。

ドラッカーを日本に招聘するという計画は、この時、この三人の会話から生まれた。そう語るのは、のちにドラッカーを日本に招く際にドラッカー本人と直接やり取りをした梅田だ。

望むのは本物の人

当時、「事業の目的は利益の獲得である」という考えに誰も違和感を持たなかった。し

かし、ドラッカーは、その考え方を正面から喝破したうえで、

“事業の目的は顧客の創造である”

と言った。顧客とはお客様のことであり、お客様とは喜んでくださる人のことである。事業の目的は喜んでくださる人をどんどん増やすことだ。

事業は利益をあげることと考えられているが、それは的外れだ。企業があげるべきは利益ではなく、事業を続けるための費用である。企業が利益を確保しなければならないのは、事業を進めるために必要な費用は自分たちでなんとかしなければならないからだ。ドラッカーはそう主張した。

マネジメントは方法論の話ではない。部下を操作することでもない。**マネジメントは、新しい市場を生み出し、豊かな社会をつくることにある。**社会のため、人間のため――。これがすべてである。

一九五七年のこの夏、ニューヨーク大学教授のJ・G・グローバー博士が日本経営協会を訪れていた。そのときドラッカーの話題になり、グローバーは根上にこう言った。

「ドラッカーは、ニューヨーク大学の経営学部の教授で同僚だ。

彼は経営学者という枠におさまる男じゃない。

彼の目は、一つの会社の繁栄というより社会の繁栄に向けられている。

人間に向けられている。社会が繁栄するためには、そこで働く人が成果をあげ、

一つひとつの会社が成長していかなくてはならない。

それは経営者の双肩にかかっている。

経営学を超えた知見から多くのことを教えてくれる。

すごい男だけに、経営学者の彼に対する嫉妬もすごいよ。」

根上は、グローバーが、ドラッカーに嫉妬を抱いていることを言外に匂わせていたことを見逃さなかった。ドラッカーは、既にこの頃、フレデリック・テイラーやフランク・ギルブレスの流れをくむ経営学者、そして、ジェームズ・マッキンゼーの系譜に位置するコ

一九五七年　ドラッカーへの講演依頼

ンサルタントから注目されていた。時代の流れは、ドラッカーを表舞台に押し上げていった。周りの学者は、ドラッカーが自分たちにはないものを持っていることはわかっていた。しかし、ドラッカーが重用されていくことへの反発を抑えられなかった。

立身出世に執着する人ほど、妬みの炎を燃やし、人を攻撃する。人間は、嫉妬で心の均衡が崩れると、本来の理想を忘れて、その人を排斥することが目的となってしまう。そして、様々な理屈をならべたて、我を忘れて追い落としにかかる。善きものの発展を阻むものは、人間の弱い心に巣くう嫉妬の心だ。目立つ人間は攻撃されやすい。先駆者とは、理解されず、あるいは意図的に無視され、あるいは批判されるものだ。

しかし、人格の輝きは、悪意の中傷を覆し、真実を物語る。

J・G・グローバー博士の言葉は、根上にとって、ドラッカーはこれからの日本が歩むべき道を示してくれるのにふさわしい〝**本物の人**〟であることを証明してくれるものだった。

ドラッカーを日本に呼ぶ――。大それたことを決めてしまったと臆する気持ちが一瞬、根上の脳裡をかすめた。だが、ドラッカーの来日によって日本の未来に貢献できるという期待のほうが大きかった。

押さえられない興奮を抱きながらホテルをあとにした。そんな三人を月が明るく照らしていた。

その翌日、ドラッカー招聘のプロジェクトが立ち上がった。その詳細は、第7話「日本へのメッセージ」でお伝えしたい。

ドラッカー、羽田に現る

ドラッカーを出迎える

「待望のP・F・ドラッカー教授来日！　日本の経営者と話したいと声明」

一九五九年七月四日の朝日新聞に、そんな記事が掲載された。

七月三日、羽田空港に薄いシャツを着て、旅行バッグと小さな手持ちカバンを持った一人の男が姿を現した。そう、その人こそ、ピーター・ドラッカーだ。

〝Love〟

ドラッカーが妻のドリスに送った、無事に到着したことを知らせる電報だ。

ドラッカーを出迎えたのは、日本事務能率協会の梅田とほか四名の計五人だ。

〝Welcome! Mr. Drucker, You must be tired.〟

〝Thank you, Mr. Umeda.〟

それぞれ握手を交わしながら、ドラッカーに歓迎の言葉を述べた。ドラッカーは、初対面であるにもかかわらず、出迎えた人たちの名前を一人も間違えることなく、全員に挨拶をした。

日本事務能率協会は、空港で出迎える人の顔写真と名前を事前にドラッカーに送っておいた。出迎えた人たちは、写真だけでこれほど正確に顔と名前を覚えたドラッカーの用意

写真提供：一般社団法人日本経営協会

周到さに驚いた。一向は羽田空港を出発し、帝国ホテルに向かった。ドラッカーはフライトの疲れのせいか、車の中では何も話さなかった。ホテルでは、日本事務能率協会の代表者と役員、そして、十数人の新聞記者がドラッカーの到着を待っていた。

私はコンサルタントだ

ドラッカーは、一九五〇年からニューヨーク大学の教授として仕事をしていた。授業に行くのは週に一日か二日。あとの四日は企業に入り込んでコンサルティングの仕事をしていた。仕事の比率からいってドラッカーは教授というよりコンサルティングという仕事を持ったビジネスマンだった。

コンサルティングという言葉を聞くと、前に立って何かを教える研修講師のような姿を思い浮かべる人もいるかもしれない。研修とコンサルティングは、似ているように見えるがまったく違う。研修は「学ぶ場」であり、コンサルティングは「**解決する場**」である。

研修は会場で大勢の人に向けて行えるのに対し、コンサルティングは大勢の人に向けて行うことはできない。例えて言うなら、医療は複数の患者さんを一度に診察したり、一度に治療することはできない。診察も治療も、患者さん一人ひとり個別に行う。医療は、患者さんの状態を正しく理解してはじめて症状の原因を特定でき、適切な治療を行なえる。医師は患者さんの状態を正しく知るために、「熱はいつから出ていますか？」「夜中に咳は出ますか？」と尋ねる。

コンサルティングも、一度に複数の企業に対して行うことはできない。企業一社一社、個別に行なう。お客様の現実を正しく理解してはじめて問題の本質を特定でき、適切な手立てを提示することができる。コンサルタントはお客様の現実を知るために、「うまくいっていることは何ですか？」「うまくいっていないことは何ですか？」と尋ねる。

もちろん、研修とコンサルティングに優劣はない。

コンサルティングは、「お客様に教える仕事」ではなく、「**お客様を理解する仕事**」である。お客様の気持ちを理解することではじめて大事なことが見えてくる。お客様の声に耳を傾け、起こっている現実から問題の本質を抽出する。それを何十ページかのレポートにまとめて、それをお客様と共有する。そうして、自分では気づくことのできなかった「なすべきこと」をお客様自ら見つけ出すことを助ける。ドラッカーは、そのように仕事をしていた。

ドラッカーが来日したこの日、野田一夫先生はドラッカーと帝国ホテルのロビーで会った。野田一夫先生が

「ドラッカー教授！」

と呼びかけた。すると、ドラッカーは、
「私は教授ではない。コンサルタントだ。
アメリカにコンサルタントはたくさんいるが、
トップマネジメントのコンサルタントは私ひとりだけだ。

ピーターと呼んでほしい、私もあなたをカズオと呼んでいいか。」

と言った。ドラッカーは、「人に教えること」ではなく「**人を理解すること**」に強い関心を持っていた。当時すでに、ニューヨーク大学で教壇に立っていたにもかかわらず、彼は自分がコンサルタントであることに誇りを持っていた。

その後、ドラッカーはチェックインを済ませ、冷たい飲み物で喉をうるおし、記者たちの会見に応じた。

「日本は今回が初めてですか?」

記者の一人がドラッカーに尋ねた。

「初めてです。」と答えたドラッカーは言葉を添えた。

「あなた方の進めやすいように進めてください。あなた方は私のボスですから。」

第1話

ドラッカーの初来日「ドラッカー招聘」

一九五七年　ドラッカーへの講演依頼

1959年7月3日　帝国ホテルで
(写真提供：一般社団法人日本経営協会)

ドラッカーはかつて記者だったからか、十数人の記者とすぐに打ち解け、和やかに会話は弾んだ。予定の時間より五〇分過ぎたが話は尽きなかった。

ドラッカーの本や顔写真からは、一見すると、堅苦しい孤高の哲学者のような印象を受ける。実際に会ってみると、ドラッカーのあまりの親しみやすさに全員が驚いた。

その後、「ドラッカー教授来たる」の祝杯が挙げられた、気がついた時には時計は九時を回っていた。

ドラッカー来日の一日目は、こうして終わった。

日光で水墨画を買う

一九五九年七月四日。夏の日差しは眩しかったが、日光杉並木を優しく包むように霧が静かに流れていた。

ドラッカーと梅田は、心地よい風を浴びながら、美術館の絵を見てまわっているかのように森林の中を歩いていた。

ドラッカーは、水墨画を観るのも、集めるのも好きだった。日本には、江戸時代に活躍した著名な浮世絵師が三人いる。葛飾北斎、喜多川歌麿、歌川広重だ。ドラッカーは、特に、二〇世紀の美術に大きな影響を及ぼしたオランダの画家ゴッホと、光の変化を表現したフランスの画家モネに影響を与えた、歌川広重が好きだった。

ドラッカーは、北斎、歌麿、広重についてとても詳しく、水墨画の話になると、ドラッカーが日本人で、梅田が外国人のようだった。

第1話

ドラッカーの初来日「ドラッカー招聘」

一九五七年　ドラッカーへの講演依頼

「古い絵を売っているお店はありませんか?」

ドラッカーは、梅田にそう聞いてきた。あわてて梅田があちらこちらに尋ねたあげく、やっとそれらしきお店を見つけた。

お店の人に、古い絵を見せてくださいと梅田がお願いすると、お店の人は、巻き絵を持ってきた。見るとそれは、山の中の川で漁夫が舟を漕いでいるような水墨画だった。ドラッカーはその水墨画を見るなり、目を丸くして、発声練習をしているかのような口調でお店の人にこう言った。

「イ・ク・ツ・デ・ス・カ?」

おいくらですか?　すぐに梅田が言い直した。

その時のドラッカーの表情は、無邪気な少年そのものだった。その値段は二〇万円だった。

1959年7月4日　日光
（写真提供：一般社団法人日本経営協会）

一九五九年当時、大卒初任給は一万二〇〇〇円、国鉄の初乗り運賃が一〇円、喫茶店のコーヒーが六〇円、映画のチケットが一六〇円、月額の新聞購読料が三三〇円。そんな時代だった。

ドラッカーはその場で二〇万円を出してその絵を買った。日本の美術に傾倒していたドラッカーは、日本に行ったらもちろん日本の水墨画を手に入れるつもりでいた。ドラッカーはその絵を買ったあとお店の人に

「ド・モ・ア・リ・ガ・ト・ウ・ゴ・ザ・イ・マ・ス」

と言うと、梅田に満悦の笑みを浮かべながらにこう言った。

「これは国宝物だよ。いずれこの国宝は日本に返すつ

1959年7月4日　日光
(写真提供：一般社団法人日本経営協会)

もりだが一時私が預かっておく。」

梅田がどう答えたかはわからない。ドラッカーは、はじめて遊園地に連れてこられた子どものようだったという。おみくじを引いて、それを木に結びつけた。

雲間から差し込む太陽の光が、幾筋もの金色の矢となって、杉木立に走っていた。ドラッカーは、はじめて観る日本の観光地の空気を全身に浴びていた。墨絵のような日光の風景を楽しみながら、空に祈りを捧げているかのようにドラッカーは呟いた。

「ここに一週間くらいずっといたい……。」

ドラッカーは、日光東照宮の仏像がかなり気に入ったようだった。梅田は、遊園地で疲れを知らない子どもを連れた親のようだった。

この一九五九年のドラッカーの初来日のスケジュールは次の通り。

七月　三日（金）到着　帝国ホテルに宿泊
七月　四日（土）日光東照宮へ観光
七月　五日（日）日光東照宮へ観光
七月　六日（月）懇談会
七月　七日（火）講演「経営の水平線」（東京　産経ホール）
七月一〇日（金）京都と奈良へ観光
七月一一日（土）京都と奈良へ観光

第1話

ドラッカーの初来日「ドラッカー招聘」

一九五七年　ドラッカーへの講演依頼

七月一二日（日）三重の伊勢神宮へ観光
七月一三日（月）三重の伊勢神宮へ観光
七月一五日（水）一次ドラッカーセミナー　一日目（箱根宮ノ下　富士屋ホテル）
七月一六日（木）一次ドラッカーセミナー　二日目（箱根宮ノ下　富士屋ホテル）
七月一七日（金）一次ドラッカーセミナー　三日目（箱根宮ノ下　富士屋ホテル）
七月二〇日（月）二次ドラッカーセミナー　一日目（箱根宮ノ下　富士屋ホテル）
七月二一日（火）二次ドラッカーセミナー　二日目（箱根宮ノ下　富士屋ホテル）
七月二二日（水）二次ドラッカーセミナー　三日目　帰国

こうして、ドラッカーと日本の親交の扉は開かれた。

「企業といっても、人間が主体です。人間を抜いたら、何もない。人間がその気にならなけりゃ、何もはじまらない。」

こう言ったのは、一九四八年に本田技術工業を創設した本田宗一郎だ。

社会の繁栄は企業の成長で決まる。企業の成長はリーダーの成長で決まる。私たちリーダーが学ぶべきことは何だろうか。

社会の繁栄のために、企業の成長のために、そして、部下の成長のために必要なこと。日本に来たドラッカーは、日本のリーダーに何を言ったのだろうか。第2話「これからの働き方」でお伝えしたい。

まとめ

- 企業は利益追求のためのみにあるのではなく、社会に貢献するために存在する。
- お客様への思いがなければ何も始まらず、お客様の喜びがなければ何も終わらない。
- 意思をもって未来を描き、物事を良い方へ変化させていくことがマネジメント。
- マネジメントは、お客様に対する思いから始まり、お客様の喜びで終わる。
- マネジメントは、「命令で運営するもの」ではなく「責任によって運営されるもの」。
- 使命を共有した組織は、事業を発展させ、社会に繁栄をもたらす。
- 社会の繁栄は企業の成長で決まる。企業の成長はリーダーの成長で決まる。

STORY-II

第2話

ドラッカーとの懇談会
「これからの働き方」

一九五九年七月六日　東京

部下が思い通りに動いてくれない

上司が抱える悩み

「部下がこちらの思い通りに動いてくれないので困っている……。」

「経営計画を立てたが、部下が計画を実行に移してくれないので腹が立っている……。」

「四の五の言わず、とにかく結果を出してほしい……。」

「部下のやる気を高めるために、何かいい方法はないだろうか……。」

「部下にもっと自発的に仕事を改善してほしいが、なかなかそうはしてくれない……。」

第2話
ドラッカーとの懇談会「これからの働き方」
一九五九年七月六日　東京

これは、今から五〇年以上前に、部下を持った上司が抱えていた悩みだ。それは今も変わらない。事実、私もそのような悩みを抱えて、胃に穴を空けたことがある。また、上司を悩ませる一人の部下として、さんざん上司を困らせてきたことと思う。その上司は、もう定年退職し、今は悠々自適に暮らしている。年に一回、近況報告するくらいのお付き合いになってしまったが、箸にも棒にもかからない私を教え導いてくれた上司を今でもありがたく思う。

ドラッカーは、この時の来日で、自身の経験を次のように語っている。

私は二四歳のとき、ロンドンの銀行で働いていた。どんな報告書を出しても、上司は「ありがとう」と言ってくれた。だから、いい仕事をしていると思っていた。あるとき私は、何十ページもの大きな報告書を作った。その報告書はかなりよくできたと思い、それを提出したら上司はきっと褒めてくれるだろうと思った。

ところが、上司から「全然ダメだ、やり直せ」と叱られた。そこで私は、「どこがいけないのですか」と聞いてみた。すると上司は、「それは俺にはわからない、それを考えるのがお前の仕事だ」と言っただけで、「ここをこうしろ」とか、「ここを直せ」といったことは何も言ってくれなかった。もちろん腹は立った。しかし、その報告書は「自分にとって満足のいくもの」であっても、「上司にとって満足のいくもの」ではなかった。

私はこの経験から、「仕事は言われた通りにすればいいのではなく、相手が満足いくものを考えて行なわなければならない」ということを学んだ。


大昔、上司がやっている仕事と部下がやっている仕事は同じだった。上司と部下の違いは、命令する側と命令される側の違いくらいに過ぎない時代があった。上司は部下より多くの経験を積んでいた。経験の浅い部下よりも上司の方が仕事ができて当然だった。かつては、部下を命令で動かすことがマネジメントだと考えられていた。

今日、時代の流れとともに、仕事は細分化され、専門化された。上司は、部下の仕事の詳しい中身までわからなくなっている。たとえば、ソフトウェアを開発する会社では、上司は完成させるものはわかっていても、部下が作るプログラムの中身まではわからない。

また、上司の仕事は「新しい商品を出すこと」であって、「新しい商品を考える」のは部下の仕事といったケースはよくあることだ。

このように、現在は、上司の仕事と部下の仕事はまったく違うものになっている。部下

第2話

ドラッカーとの懇談会「これからの働き方」

一九五九年七月六日　東京

を命令で動かそうとする考えが、現在も有効なのかどうか、あらためて考えてみたい。

日本に来たドラッカーは、日本のリーダーに何を語ったのだろうか。

上司の指示はいらない

知識を使って成果をあげる人

一九五九年七月六日、東京都千代田区にある日本工業倶楽部に、日本を代表する企業経営者と経営学者がドラッカーの懇談会に集まった。

その場は、東京大学名誉教授の馬場敬治の進行によって進められた。通訳はアメリカ大使館の豊田英二朗が務めた。

当日の出席者は、野田一夫（立教大学助教授）、馬場敬治（東京大学名誉教授）、平井泰

第2話
ドラッカーとの懇談会「これからの働き方」
一九五九年七月六日　東京

太郎（神戸大学教授）、藻利重隆（一橋大学名誉教授）、山城　章（一橋大学教授）、佐々木吉郎（明治大学教授）、坂本藤良（経営評論家）、石田武雄（国鉄）、加藤威夫（日本建設　代表取締役社長）、小野豊明（十條製紙工場長）、山口英治（信越化学工業社長室長）、茅野　健（電電公社　経営調査室次長、田辺製薬取締役、松下通信工業専務取締役）の諸氏をはじめとする十数名だった。

馬場敬治の開会の言葉によって場は開かれた。

「みなさん、こんにちは。東京大学の馬場です。お忙しい中お集まりいただきありがとうございます。今回日本にお越しいただいたドラッカー先生は、コンサルタントとして活動されながら、大学教授を務められ、多くの著作を出版されています。著作の内容は、経営だけではなく、様々な分野について書かれています。

現在、日本の経営に関する見識は、けっして高いものとは言えません。むしろ、まだまだと言わざるを得ません。日本は、これまでも経営に関する著名な人を招いて講演やセミナーを行ってまいりました。

しかし、ドラッカー先生は、コンサルタントとして常に現場におられる方です。多くの企業をはじめ様々な組織の発展に大きな貢献をされています。本を書き、大学で教鞭をとられているだけではありません。これまで来日した人達とはまったく次元の異なる方です。現場の視点から、経営を広い視野から教えてくれることは間違いありません。またとないこの機会に、ぜひ多くを学び合ってまいりたいと思いますので、どうぞよろしくお願い申し上げます。」

次いで、ドラッカーの挨拶が終わると十條製紙（現日本製紙）工場長の小野豊明から、

「これからわれわれが直面する課題は何でしょうか？」

という質問があがった。それをきっかけに、そのまま懇談に流れていった。

知識労働者。それは、知恵を出して成果をあげる人のことである。知識労働者という言葉は、ドラッカーが一九五九年はじめて言った、造語である。

第2話

ドラッカーとの懇談会「これからの働き方」

一九五九年七月六日　東京

ドラッカーは、次のように語りはじめた。

人類史上、わずか一五年でここまで発展を遂げた国はない。日本の驚異的な発展はまさに奇跡である。この奇跡を起こしたのは、日本人の勤勉さか、日本の組織の力か、なぜこのような発展を遂げることができたのか。日本が発展したのは、知識を基盤としてきたからだ。

かつて、わたしたちの社会は、肉体労働者が大半を占めていた。肉体労働は体力が必要だ。現在は、知識を使って仕事をする人が大半を占めている。知識労働は知識が必要だ。しかし、一人の知識労働者が、あらゆる分野に詳しくなることはできない。詳しくあれるのは、ある分野に限られる。これからわれわれが直面する課題は、働き方が変わるということだ。

具体的に言えば、これからの仕事は、その分野に詳しいいろいろなエキスパートが集まって行われるものになる。人と人が寄り合うだけでなく、成果をあげるために、人と人は協力し合わなければならない。

1959年7月6日　日本工業倶楽部
（写真提供：一般社団法人日本経営協会）

あらゆる仕事がチームによって行われるようになる。たとえ、組織上の役職に上下関係があっても、仕事においては上も下もなくなる。知識労働者に必要なのは、貢献意欲と成果をあげる力である。

ドラッカーは、この時、時代の変化によって、働き方が変わっていくことを語った。
「時は流れている。ありとあらゆるものが変わっていく。社会は常にその姿を変えながら次の社会へ向かって進んでいく。一瞬たりとも、そのままでいるものはない。」
これは、本書の第1話で伝えたことだ。企業も、その社会の中に存在する以上、働き方を変えていかなければならない。

第2話

ドラッカーとの懇談会「これからの働き方」

一九五九年七月六日　東京

上司の仕事は、「部下を動かすこと」ではなく、**「部下の強みを生かすこと」**に変わった。上司がいちいち口出しをするような組織は発展しない。**上司の仕事は部下の仕事に首を突っ込むことではない。アドバイスすることでもない。何が問題かを部下自ら気付けるように導くことだ。**会社が進む方向性を明確に打ち出し、それさえ組織で共有できれば、上司の指示はいらない。

部下の優れている点を見い出せ

部下が縦横無尽に動けるように

ドラッカーの話の流れは、「部下の強みを生かすこと」から部下を育てるにあたってのリーダーのあり方に変わっていった。

リーダーは、ただ知識を身につけ、能力を高めるだけでなく、人間としての内面を深めなければならない。知識や能力と言ってもその人のうえに生きるものだからだ。どれだけ人の協力を得られるかが、リーダーにとって一番重要な能力だ。

ドラッカーはそう言って、ある企業の例を紹介し、リーダーのあり方について語った。

第2話
ドラッカーとの懇談会「これからの働き方」
一九五九年七月六日　東京

リーダーの仕事は人を動かすことだ、などという考えはもってのほかだ。それは、「人を動かす側」と「人に動かされる側」がいるという的外れな考えのうえに成り立っているものの言い方だ。

目覚ましい発展を遂げた会社があった。その発展は、ある二名の幹部によるものだった。それは誰の目から見ても明らかだった。

その二名が引退すると、その二名がつくり上げた方針と計画はすっかり忘れ去られてしまった、実は、管理職者や従業員は、その二名を尊敬していたため、その方針や計画に抵抗なく従っていただけに過ぎなかった。二名の幹部がつくり出した方針や計画の内容まで理解していたわけではなかったのだ。

その会社の管理職者や従業員は、二名の幹部がつくり上げた方針と計画を自分達の仕事として落とし込むことができなかった。目覚ましい発展を遂げたその会社は、幹部の入れ替わりとともに、窮地に追い込まれてしまった。

このような結果を生まないためにも、リーダーは自分たちが考えた方針、計画、目標を通達するだけでなく、理解してもらう必要がある。

リーダーは、部下に活躍の場をどんどん与え、部下の仕事ぶりを見守っていくことだ。リーダーの仕事は、「善きもの、価値あるものを強く願い求めようとする人間の能動性を奮い立たせること」だ。ゆえに、知識の詰め込みではなく、正しいものの考え方を育む取り組みを通じて、部下を育成していかなければならない。つまり、部下の育成とは、部下を方向づけることだ。

自分が自分がと、自分を第一優先に考えるようでは、けっして人を育てることはできない。不器用なリーダーは無害だが機械のようなリーダーは有害だ。そんなリーダーは誰の協力も得られなくなってしまう。

結局、権力で人を動かそうとするようになる。指示命令で従わせようとするようになる。リーダーは「自分が成果をあげて賞賛を浴びる人」ではなく、「仲間の協力を得て成果をあげ仲間を賞賛する人」だ。

仕事は、人間性の練磨であることを忘れてはならない。リーダーは、部下がどうすれば力を発揮でき、最大の成果をあげることができるかに心を砕くことだ。

そのためには、自分の考えを伝えるばかりではなく、部下の話をよく聞くことだ。一人

第2話

ドラッカーとの懇談会「これからの働き方」

一九五九年七月六日　東京

1959年7月6日　日本工業倶楽部
(写真提供：一般社団法人日本経営協会)

ひとりが価値ある挑戦ができる環境をつくりあげていくことだ。部下の育成と言ってもこちら側の問題だ。まずは、部下の優れている点を見いだすことだ。中には人の欠点しか目に映らない人もいる。しかし、優れている点を探せば必ず優れている点が見つかる。

人間は責任を持つことによって自覚が生まれ、力を発揮していく。たしかに、重要な仕事を部下に任せるのは、上司にとっては不安だ。事実、期待に反して、大きな失敗をすることもある。しかし、そうして経験を積むことによってはじめて、その人に本当の実力を身につけてもらうことができる。

部下に困っている上司は部下を変えようとしている。部下が力を発揮している上司は部下を方向づけしている。

伸び悩む会社は、部下をどう管理するかに心を悩ませている。**伸びている会社は、部下の優れた点を見い出し、部下が縦横無尽に動けるように心を砕いている。**

人間を中心にした組織

今まで通用していたものが通用しなくなる

今、時代は大きく動いている。大きな変化が起こっている。目に見えるもののすべてが変わっていく。家でも、土台というのは目には見えない。車でも、エンジンは人の目に触れない。人間の体にしても、心臓を見ることはできない。目には見えなくてもそれを支えている。本当に大切なものはいつも陰に隠れているものだ。大切なものとは、知識だ。ここでいう知識とは、変化をつくり出す具体的な方法のことだ。

続けてドラッカーはこう言った。

社会が変化するスピードはどんどん増している。次々と、新しい考え、新しい製品、新しいやり方、そして、新しい価値が生み出されていく。今通用しているものであっても、すぐに通用しなくなる。新しい事業が次々に登場し、今ある事業は淘汰されていく。次から次へと新しいものを取り入れていかざるを得ない。
これからの成功を妨げるのは、常にこれまでの成功だ。ところが、人は常に変化を恐れ、常に変化を避けてきた。その場の勘にすがるのではなく、変化をつくり出すために、変化をつくり出す方法を見い出していかなくてはならない。
ここからここまで学べばいいというものではなく、継続的に、現実を生き抜く知恵を生み出していかなければならない。

社会の変化はあまりにも速い。今まで通用していたものが通用しなくなる。起こっている変化に対応するのではなく、自ら変化を起こしていかなければならない。新しいものを生み出していかなければならない。

新しいものが生まれていく

「人々はみんな同じレベルの生活をしよう」というソ連を中心とした東側の考えと、「それぞれ自分で頑張って豊かになろう」というアメリカを中心とした西側の考えの対立は四四年間続いた。アメリカとソ連は、お互いに起こるかもしれない危機に対して、常に張り詰めた状態にあった。実際に戦争は起こらなかったため、東側と西側の冷ややかなその対立は〝東西冷戦〟と呼ばれた。

アメリカとソ連はお互いに、相手の国を破壊できるほどのミサイルをつくっていた。アメリカは、自分の国を守るために、国の危険に関わる重要な情報のやり取りを一つの大きなコンピューターで行っていた。しかし、ソ連のミサイルがそのコンピューターに命中すれば、情報のやり取りができなくなってしまう。そこで、遠隔地のコンピューター同士をネットワークでつなぎ合わせ、仮に一つのコンピューターが壊れても、そのほかのコンピューターで情報のやり取りができるようにした。

こうして、東西冷戦からインターネットという新しい技術が生まれた。その後、東西冷戦が終結し、インターネットを隠して持っておく理由がなくなり、インターネットの技術はやがて民間で使われるようになった。

新しい技術は次から次へと生み出され、私たちの働き方を大きく変えていく。その変化に対して、すぐに対応できるものもあれば、その対応に長い時間を要するものもある。中には、「黙殺されてきた永遠の課題」として、放置されてきたものもある。

黙殺されてきた永遠の課題

景気の波に乗っていたこの頃の日本は、昔の言葉で言うホワイトカラーが増え、消費層が急激に広がった。消費ブームが到来し、市場は、大量生産と大量消費で通用していた従来の流通だけでは適応しきれなくなった。

小売市場が台頭しはじめ、豊富な品揃え、きめ細かな接客、値引きなどによって、スー

第2話
ドラッカーとの懇談会「これからの働き方」
一九五九年七月六日　東京

パーマーケットが多くの顧客を集めた。

さらに良い物をつくるのはどうすればいいか、さらに良い方法で提供するためにどうすればいいか、という知識や情報を使う種類の仕事が急速に増えていった。知識労働者が台頭しはじめた。

好景気の波に乗っていた各企業の組織は拡大し、管理部門、営業部門、技術部門という組織が整えられていった。

一九五〇年代後半、コンピューターが活用されるようになった。人間がやるよりもコンピューターに任せた方がいい仕事は多くある。記録、保存、計算といった仕事は、コンピューターの方が人間よりも間違いは少ない。

加えて、今日、コンピューターの性能は飛躍的に高まり、整理して蓄えられた多くのデータから必要な情報を抽出して、消費者の嗜好を割り出せるようになったことはご存知の通りだ。さらに、人間と同様の知能を実現させようとする試みは、急速に進んでいる。

社会の動きが活発になり、市場のニーズが多様化し、そこに技術の進歩が相まって、さらに新しい部門が登場した。

情報システム部門である。情報システム部門の仕事は、コンピューターの技術を活用して会社を発展させるための推進力となることである。

具体的には、経理のシステムを見直したい、人事のシステムを新たにつくりたい、顧客管理をもっと効果的に行いたい、販売管理の機能をさらに高めたい、また、不正アクセスから守る対策を確立したい、といった必要に迫られた時に発生する仕事を担う仕事である。その仕事の範囲はとてつもなく広く、業務の領域は気が遠くなるほど多岐にわたり、必要な知識は途方もなく多種多彩である。

必要な人材を、必要な人数、配置しなければ、大きなつけがまわってくる。そんなことは百も承知であっても、経済的に余裕のない小さな会社は、その仕事を担ってくれる必要な人材を、必要な人数、置いておくことはできない。

これが小さな会社に共通する、「**黙殺されてきた永遠の課題**」だった。

異なる知識の協働で成果を生み出す

ユナイトアンドグロウ株式会社（東京都千代田区　代表取締役社長　須田騎一朗）は、多くの企業が抱えるそんな問題の解決を事業としている。それは、「知識を貸し出しするサービス」だ。

かつて、借りることのできるものはレンタカーくらいだった。しかし、生活の多様化が進み、借りることのできる物の種類は拡大し、現在では、ＣＤやＤＶＤに加え、床に敷くマット、観葉植物、おむつなど、何でも借りることができる。所有しなくてもいい。

それと同じように、同社は、情報システム部門に発生する個々の仕事に応じて、必要な知識、必要な能力、必要なスキルを貸し出ししている。

情報システム部門に、必要な人材を必要な人数抱えることができない小さな会社であっても、会社を発展させるための推進力を得ることができる。雇用しなくても済む。

「黙殺されてきた永遠の課題」は、「解決されるべき現在の課題」となった。

ユナイトアンドグロウ社の社員は、約三〇〇社の顧客企業に常駐し、離れた所にいながら日々連絡を取り合っている。そして、誰がどんな強みを持っているかをお互い知っている。たとえば、社員の誰かが、あることについて質問をすると、それに詳しい何人かの社員が自発的にその質問に答えてくれる。人それぞれ持っている専門性が異なるがゆえに、返ってくる答えも様々だ。質問をした社員も、自分の視界から見えなかったものが見えるようになる。結果として、様々な角度から検証された考えがまとまる。また、

「何年か前に、このようなことに時間がかかったけど、

昨年はこんな工夫をしたらうまくいった。

だから、この点に気を付けて、こうやるとよりうまくいきます。」

といったノウハウも共有されている。

そこに感謝が生まれる。働く喜びがある。上司の制圧もなければ、他の社員の手柄を悔しがることもない。足の引っ張り合いなどもちろんない。お客様に創りだす成果がすべてである。仕事に上も下もない。あるのは、貢献意欲による知識の結集である。

仕事は、言葉を交わしただけではうまくいかない。脳と脳がつながってはじめて理解が生まれ、心と心がつながって協働となる。ユナイトアンドグロウ社の社員は、誰にも管理

されることなく、同じ方向に向いて、自発性によって高度にネットワークされている。

働き方は変わった。従業員社会は、ネットワーク社会に変わった。既に今日、多くの人間が上司の指示命令による支配から解放され、自分の強みを生かすことによって成果をあげている。

指示命令で動かされている組織は、会話がなく、社員のしらけが漂っている。自発能動が許されている組織は、会話が多く、社員の熱気がみなぎっている。いつの間にか私たちの社会は、「**知識を中心にした社会**」に移り変わった。それは、知識を所有する人間を中心にした組織のことである。

一九五九年にドラッカーが言った「これからの働き方」は現実のものとなり、それは「今日の働き方」になっている。

ここで伝えたいことは、「**働き方が変わった**」ということであって、私がコンサルティングとして関わった成果を紹介したいのではない。この企業は、私のコンサルティング先ではないことを補足しておきたい。

現実の世界に正解はない

ドラッカーの謝辞

懇談会は、ドラッカーの挨拶で締めくくられた。ドラッカーの言葉の中に、〝明治〟という単語が出てきた。西暦の文化で生きているドラッカーは、あえてこの時の謝辞で、〝明治〟という言葉を使った。ドラッカーは、細かなところまで配慮することを常に忘れなかった。

―暑い中このようにたくさんの方々にお集まりいただき、心から感謝申し上げます。

第2話

ドラッカーとの懇談会「これからの働き方」

一九五九年七月六日　東京

1959年7月6日　日本工業倶楽部
（写真提供：一般社団法人日本経営協会）

今日のような暑い日は、賢い方であれば海に遊びに行くと思いますが（笑）、今日集まった方々は、かなり変わった人たちだと思います（笑）。

通訳をしてくださった豊田さんに心から感謝いたします。

今日いらしてくださった馬場先生や平井先生は、私と同じ明治の生まれです。すでにマネジメントを研究されてきた先駆者に対して、心から敬意を表します。

次に日本に来る時、私は日本語を話せるようになっているので次回からは通訳はいりません（笑）。

冗談はさておき、このように、学びのために集まり、お互いを向上させる機会を持てることは大変嬉しく思います。経営者がどう成長し、どう知恵を生み出していくか、私たちの課題です。

最後になりましたが、アメリカは日本に尊敬と恐れの両方を抱いています。アメリカに帰ったら、尊敬は必要でも、恐れは必要ないと伝えたいと思います。

本日はありがとうございました(拍手)。

人間の叡智を壊すもの

出席した学者たちは、ドラッカーと会見できたことを喜んでいた。懇談会が終わった直後のことだ。ある大学の教授から、

「ドラッカー先生の著書についていくつか質問させてほしい」

第2話
ドラッカーとの懇談会「これからの働き方」
一九五九年七月六日　東京

という要望が出た。ドラッカーはそのあとも予定があり、時間は押していた。それでも三〇分でいいからお願いしたい、というかなり強引な要望だった。ドラッカーは、そのリクエストに応じた。質問は一〇個ほどあった。

その質問は、ドラッカーが書いた本の一部分とほかの本の一部分と突き合わせて、どちらが正解かを教えてほしい、というものだった。それは、質問というより今日の俗語でいう、〝ツッコミ〟に過ぎないものだった。

正解があるのは問題集だけである。物事は、試験問題のように正解があるわけではない。たしかに論理的な考え方は必要だ。しかし、**経営は論理的に答えを導き出せるようなものではない**。

ある会社でうまくいったことは、他の会社でもうまくいくことは多くある。その一方で、ある会社でうまくいったことが、他の会社ではうまくいかないこともある。それが現実だ。追求すべきは、「正解」ではなく「原則」なのだ。

ドラッカーはあとで、次のように梅田にこぼした。

学者は嫌いだ。日本の学者は、人が書いたものを引っ張り出して、あーだ、こーだと議論するのが仕事なのか。日本の経営学者は、経営の現場を知らない。日本の経営学者は現実から離れている。私はそんな学者の一人でいたくない。学者とは「現実から学ぶ者」のことを言うのだ。現場から見つけたものを整理して、現実に役に立つようにまとめるのが学者ではないのか。問題を提起したら正解を出したいという考えはわかる。しかし、理論は現実を説明する一つの規範に過ぎないのだ。

ドラッカーは腹を立てていた。もちろん、自分に質問をしてきた教授に対してではない。人間の叡智を壊す何物かに腹を立てていたのだ。

自然界には法則がある。日本の国には四季がある。それを知り、それを活用して、春に田植えを行ない、秋に収穫している。しかし、それを知らないで、夏に田植えをしても収穫は望めない。収穫に何ら関係のない法則を説いたところで、現実の役には立たない。

交通社会にはルールがある。それは、車が円滑に走り、人の命を守るためにつくられたものだ。信号が赤になれば止まり、青になれば進めると教わり、それを守ることによって

第2話
ドラッカーとの懇談会「これからの働き方」
一九五九年七月六日　東京

安全に往来することができる。しかし、それを知らずに、あるいはせっかく教わっても、聞き入れようとせず、歩行者が赤信号を渡れば、車にはねられるなどの事故に遭ってしまう。

同じように経営にも原理原則がある。それを学ばずして、理論をもてあそんだところで、その理論は現実の足しにはならない。

答えとは、思惑どおりにいかない現実の中にあって、その現実の中から自ら創り出していくものだ。

海外から見た日本

PDCAの誤解

戦前、戦中の日本は、あらゆる組織を戦争に役立つように整え、戦争で国の威厳を高めようという考えに立っていた。戦後、GHQの最高司令官ダグラス・マッカーサーは、国民自身の力で国民の自由を作れるような日本に変えることが、自分の役割だと考えていた。彼は、今後の日本の発展のために、数百人の学者を日本へ呼び寄せ、必要な知識を学ぶ機会を日本人に与えた。

その学者の中に、米国イェール大学の教授でエドワーズ・デミングという統計学者がい

第2話

ドラッカーとの懇談会「これからの働き方」

一九五九年七月六日　東京

た。ドラッカーの後輩であるデミングは、工場の生産性を高めるために、統計学の手法が生かせると考えた。一九四七年、彼は製造業において品質を一定の水準に保つための手法を日本の経営者に教えた。日本の製造業は、デミングの提唱した手法を取り入れ、品質の向上に成功した。そして日本は、世界が驚く製品を作るまでになった。トヨタや日本電気など、多くの企業がデミングの手法を取り入れた。その手法はやがてPDCAと称され、その名は広く知れわたり、「マネジメント＝PDCA」と誤認されるようになった。

マネジメントの父ドラッカーの著作の中にPDCAはない。PDCAは、機械で造った製品の不良率を下げるために考え出された品質管理の手法である。

昨年ヒット商品を生み出したからといって今年もヒット商品と出せるとは限らない。どんなに優れたアイデアマンも、頭が冴えず、いいアイデアが浮かばないことがある。PDCAは、人間の仕事を対象にしたものには適さないのだ。

人間は、機械のように仕事をしないし、機械のように同じ結果を出せるとは限らない。命令で部下をうまく動かすことはできない。

人間は機械にしてはあまりにお粗末な設計であると、ドラッカーは言う。PDCAに人間の仕事にあてはめてしまえば、思いもよらない進化の芽を摘んでしまい、現れるはずの活性を封じ込めてしまう。

あなたの組織の繁栄のために、いったんこの本を閉じて、今すぐにでも上司や部下に連絡し、明日からＰＤＣＡをやめることをお薦めしたい。

歴史から消えなかった日本

一二七四年、他の国から日本にとてつもない大きな軍船が押し寄せてきた。そして、日本が見たこともない大軍が博多に上陸してきた。その日、博多の町は人の血で真っ赤に染まった。この日、日本は歴史から消えるところだった。

しかし、その夜、博多の海に強い風が吹き、荒れに荒れた海の波は、その国の軍船を飲み込んでいった。日本は、戦っても勝ち目のない強大な他国の猛攻に、自然の力によって持ちこたえることができた。

時を経て、他の国の大軍はふたたび博多の港に現れた。日本は前回の戦から得た教訓を生かし、屈強な大軍にひるまずに防戦した。不思議にも、前回同様、港に大波があらわれ、巨船のほとんどが沈没した。翌朝、海の上に大艦隊はなかった。

人類史上、自然の力を二度も借りて、屈強な大軍を返り討ちした例はない。

〝なぜ日本は、歴史から消えずに済んだのか〟

という問いには解明できないものがある。かなしいかな、二度にわたって奇跡的に吹いた大きな風によって守られた経験から、日本は忌まわしい神話をつくってしまった。

日本においてのみ成功した

アメリカは戦時中、カリフォルニアのモントレーで、日本を占領するための準備を密かに着々と進めていた。一七五〇名の軍人と二〇〇〇名の人間に、日本の各県の歴史、文化、地理、産地、産業、経済、政治などについて精密な学習をさせていた。日本占領に必要な人材を育成していたのである。アメリカの綿密な準備の周到さには驚かされるばかりだ。ところが、戦争は、アメリカ政府が予想していた時期よりも一年も早く終わった。そこで、他の国で占領政策を進めた経験のあるマッカーサーが、連合国軍最高司令官に任命されたのである。

一九四五年八月二八日、一五〇名のアメリカ兵が日本に送られた。アメリカに対する反乱を未然に鎮静化させ、マッカーサーの到着を待つためである。八月三〇日、マッカーサーは、日本占領のために神奈川県の厚木飛行場に降りたった。

彼は、なんの武器も身に着けず、丸腰で現れた。大きな軍帽、カーキ色のシャツとズボンという軽装である。サングラスをかけ、左手を軽く腰にあて、右手にはパイプを握っていた。それは、戦争をするために来たのではなく、平和をもたらすために来たことを主張するものだった。

彼には勝利者の傲慢も、高圧な態度もなかった。マッカーサーは梯子を降りて、地上の夏草を踏み、占領の第一歩をしるした。日本占領の一切の権限は、いま彼の掌中にあった。

第2話

ドラッカーとの懇談会「これからの働き方」

一九五九年七月六日　東京

マッカーサーが当時、日本に行った政策の、概要は次のとおりだ。

一、国の法律を国民のためのものにする
二、戦争をできないようにする
三、人々に恐怖を与える警察をなくす
四、企業が自由に競争できるようにする
五、自由な思想を持てる教育にする
六、自分の考えを自由に発言できるようにする
七、国民を代表する人を国民が選べるようにする
八、地域ごとに物事を決められるようにする
九、女性も選挙で投票できるようにする

などである。国の法律を変え、日本から武器をなくして、戦争をできないようにした。

かつて日本は、すべての人と組織を強制的に戦争に役立つように仕向け、「一億玉砕」と真顔で言い、いざ戦争になると、本当にそれを実行した。アメリカにとって、日本は恐

ろしい国であり、厄介な相手だった。そこでアメリカは、「日本がまた戦争をはじめようと考えたら困る。だから、日本を二度と戦争をしない国にしよう」と考え、日本の軍事力を破壊した。

戦前の日本は、特別高等警察という暴力的な怖い国家組織があった。それは、犯罪を取り締まるのではなく、政府に対する批判的な考え方を取り締まる組織で、国の考えに少しでも背く発言をすれば、何処かへ連れていかれ、拷問された。その拷問で命を落とした人は大勢いた。誰もが安心して自分の意見が言える社会であるために、その特別高等警察を廃止した。

豊かであれば戦争など起こさない。社会で能力を発揮する人を増やして、消費を広げ、経済の発展を促した。経済の安定には、いい商品、いいサービスを張り合う健全な競争が欠かせない。大きな資本を持っている財閥を解体して、市場を支配することができないようにした。こうして企業同士で競争をさせることで経済の安定を促した。

第2話
ドラッカーとの懇談会「これからの働き方」

一九五九年七月六日　東京

日本人は、「戦争で死ぬことこそ最大の名誉である」と教えられてきた。小学生に将来の夢を尋ねると、「大きくなったら戦争に行ってアメリカ人を倒す！」、青年に志を聞くと「自分の志は軍人になることです」と答えていた。当時、それが一般的な考えだった。人間の考えを強制的に一つにまとめようとするのはかくも恐ろしい。教育を根本から変えた。個性を育む方針に基づいて考えられていたものが、その後、欧米に追い付け追い越せと、短い期間に多くの知識を身に付けさせようとした結果、「詰め込み教育」になってしまった。その結果、「考えること」より「覚えること」に力点が置かれた教育になってしまった。

そして、以前は、個人が自分の考えを発言する自由はなく、新聞の内容も、国の意思によってコントロールされていた。個人が自由に発言できるようにし、情報を自由に発信できるようにメディアを発展させた。

これらの占領政策は、「強制的な支配」というより「近代化の促進」だった。日本は、アメリカによって、「自分の考えを言える国」になった。もしこの時、ソ連や中国に占領されていたとしたら、現在の日本はどんな国になっていただろうか。もちろん、さまざまな是非はあるが、マッカーサーが掲げたこれらの構想は、以後七年間の占領政策として実現をみた。その他、スポーツをはじめ、広い分野にわたる娯楽やファッションなど、アメリカが日本に自分たちの市場をつくろうとした意図もはっきり見えるが、その占領政策は、歴史上他に例のない成功と言えた。事実、アメリカの他の国における政策は、日本以外はすべて失敗している。

日本においてのみ占領政策が成功したことは、注目に値する。

なぜ日本だけが、そのような成功を得ることができたのか。

世界の奇跡と言われるもの

一九四五年までに日本はあまりにも多くの尊い命を失った。一九三七年に始まり、八年続いた戦争によって、国の財産の四分の一と船舶の八〇％を失った。日本の耕地は国土の

第2話

ドラッカーとの懇談会「これからの働き方」

一九五九年七月六日　東京

たった一二％で資源のない国だ。戦後、ＧＨＱの下に置かれた政治家の役目は、国民を餓死から守ることだけだった。

ところが、一九六八年、日本はアメリカに次ぐ、世界第二位の経済大国となった。それは、痩せ細った栄養失調の人間が、突然オリンピックに参加して、銀メダルを獲るようなものである。

なぜ日本はそのような発展を遂げることができたのか。

という問いについて解明できないものがいくつもある。中国、韓国、シンガポール、香港、台湾で、日本の発展について研究が行われている。

私たちは、新しい局面を迎えるたびに進化を遂げてきた。社会は常に変わっていく。時には大きく変わる時がある。今まさに社会は大きく変わっている。今私たちは大きく進化している。

ドラッカーが言う日本四つの〝唯一〟

ドラッカーは、のちにこう述べている。

日本は、すべての文明の中で、一〇〇〇年前まで、土地の所有権の存在しなかった唯一の国であった。人は土地の生産物に対する権利だけを持っていた。日本とは、すべての文明の中で、二〇〇〇年以上にわたって自発的に外の世界との交流を絶ち、その中においてなお外の世界の芸術、学問、技術に強烈な関心と大きな尊敬とを持ち続けることのできた唯一の国である。すべての文明の中で、外国とも、また国内でも、二〇〇〇年にわたってまったく戦争がなく、しかもその間、軍事独裁体制の下にあり、戦いの倫理を基にした法制の下に置かれていたという点でも唯一の国である。なかんずく、私の知っている限り、すべての文明あるいは国の中で、日本だけが目よりも心で接することによって理解することのできる国である。その国がなお一六世紀から一九世紀後半に至る期間において、世界で最高の識字率を誇っていたのである。

第2話
ドラッカーとの懇談会「これからの働き方」
一九五九年七月六日　東京

日本の歴史をつぶさに知るドラッカーは、日本に「人間を中心にした社会」「知識を中心にした社会」を見ていた。

日本で開催された講演でドラッカーは、日本人に何を語ったのだろうか。第3話「日本は世界の見本となる」でお伝えしたい。

まとめ

●上司の仕事は「部下を動かすこと」から「部下の強みを発揮すること」に変わった。
●上司の仕事は部下にアドバイスすることではなく、部下が自ら動けるように導くこと。
●リーダーは部下に活躍の場をどんどん与え、部下の仕事を見守っていくこと。
●人材育成とは知識の詰め込みではなく正しいものの考え方を育む取り組みである。
●人間は責任を持つことによってはじめて自覚が生まれ、力を発揮する。
●伸びている会社は、部下が縦横無尽に動けるように心を砕いている。
●起こっている変化に対応するのではなく、自ら変化を起こしていかなければならない。

第3話

ドラッカーの講演

「日本は世界の見本となる」

一九五九年七月七日　東京

社内で潰される新しい試み

新しいアイデアはこうして潰される

「権限と責任が曖昧で、どこまで自発的に行動をしていいかわからない……。」

「新しいやり方を提案しても、他の部署から強く反対されて進まない……。」

「新規事業を申請しても、忘れた頃に上から的外れな質問が来て終わる……。」

「下は改善したくても上の古い体質が強く、何も改善することができない……。」

「顧客の声を反映しようとしても、上の方針が定まらないから動けない……。」

第3話
ドラッカーの講演「日本は世界の見本となる」
一九五九年七月七日　東京

これは、現場で働く中間層の方々から実際に聞いた言葉だ。

誰もが日々、仕事に追われ、仕事でない仕事からも追われている。仕事の煩雑さは、仕事の向こうにいるお客様を忘れさせる。やがて組織は、自分たちの都合や組織内部の事情で物事を判断するようになる。さらには、組織全体の利益より、自分の保身を重要視するようになる。

仕事の成否で行われる評価基準は、失敗したら失敗の烙印を押されるという警戒心を高める。そして、失敗するより何もしない方がました、という考えになってしまう。その結果、新しい挑戦が起こらない組織になってしまう。

何から何まで、許可が必要であれば、自発性を放棄するしかない。何をはじめるにしても、一緒に仕事をする以上、もちろん、上司の了解や、他の部署の賛同は必要である。しかし、他の部署への根回しが主たる仕事となってしまえば、働く人は疲弊し、社内手続きをこなすだけのルーチンワーカーになってしまう。

新しい事業のアイデアを提案しても、経営陣のところで塩漬けされたままとなり、忘れた頃に的外れな質問がやってくる。たとえ、新しい事業の承認が降りても、手続きに忙しい中間層は動いてくれない。上は、新しい商品、新しいサービスが生まれることを望みながら、新しいアイデアはこうして上で潰れてしまう。

日本人は、意思決定するまで時間がかかるが、ひとたび意思決定すれば驚くような結果を出す――。ドラッカーはそう語る。新しいアイデアが潰れてしまうという現実は現実として受け止めながらも、私たちは今、時間をかけながら大きく進化しようとしている、その過程にあるに過ぎないのだと信じたい。

第3話

ドラッカーの講演「日本は世界の見本となる」

一九五九年七月七日　東京

日本が行った世界最初の試み

一国を根本から変えたもの

日本は、海に囲まれていたるため、長い間他国の脅威に晒されずにきた。国がなくなる危機はあっても、国はなくならなかった。海外の文化を受け入れながら、独自の文化を創り出していく時間的余裕があった。事実、日本は鎖国中もオランダから様々な学問を輸入し、いろいろな研究に励んでいた。こうして、日本は自分たちの文化をベースにしながら、海外の文化を取り入れながら発展してきた。

人が集まれば混乱が生まれる。その混乱から序列が生まれる。一一九〇年代以降、序列の一番上に立つ者を将軍といい、将軍に仕える人を武士と呼んだ。日本の社会に権力というものがはじめて登場した。政府の誕生である。当時は、政府のことを幕府と言っていた。

当時の日本は二つの体制から成り立っていた。一つは、武士がいてそのトップを将軍とする幕府で、もう一つは貴族がいてそのトップを天皇とする朝廷である。その体制は、鎌倉時代から引き継がれ、江戸時代も幕府が国の運営を担っていた。

一八五四年、江戸幕府は国交を樹立するとアメリカと約束を交わし、長年続いた鎖国を終えた。一八六七年、十五代将軍の徳川慶喜が将軍を辞めて、国を運営する権限を朝廷に返した。こうして、江戸幕府はなくなり、新しく明治政府が発足した。

明治政府は、欧米に追いつくため、多くの改革を打ち出し、国と民間が協力し合える体制を整えていった。当時、全国各所で武士が広い土地を支配していた。当時、教育の内容は地域によって違っていた。明治政府は、これからの日本の繁栄のために、全国一律の教育が必要であると考え、教育を義務化した。一八八六年、学校が設立され、高度な教育が受けられる環境がつくられた。

明治政府が改革を進めるにあたって、直面した大きな問題は、国の運営費をどうまかなうか、ということだった。税収の確保である。当時はまだ、土地を支配していた武士に毎年、米や麦、大豆などの生産物を納めていた。それが今日の税金だった。地域ごとに税率がバラバラだったため、新たに、税金のかけ方や徴収の制度をつくっていった。

明治政府の政策によって、一般市民が土地を所有できるようになり、個人と個人の間で、土地の売り買いもできるようになった。さらに、土地の売り買いによって、将来起こるかもしれない損害を保証するという制度も新しく生まれた。こうして、新しい経済の大本となる骨格が、この時つくられた。そして、一八九〇年頃からその経済の発展は、勢いを増して伸びていった。

明治政府が推し進めたものは、教育から経済から、何から何まで一国を根本から変えるものだった。それは、改革ではなく革命だった。一方、人間は長い間続いたものを心地よいと考える。何かを変えようとすれば、そこに利害が生まれ、反発が起こる。当然、大きな内紛が起こった。この時、革命に成功したのは、これまでのものにすがるのではなく、困難に立ち向かって、これからのものを作り出すリーダーがいたからだ。

いま多くの組織が「新しいものの創出」を望んでいる。にもかかわらず、「新しいものの創出」が組織内で潰れてしまう根本的な原因はいったいどこにあるのだろうか。

日本から世界史がはじまった

組織で働く一人ひとりが成長すればするほど、組織は成果をあげることができる。一つひとつの組織が成果をあげればあげるほど、社会をより良いものにしていくことが可能になる。

今日、社会を良くするという目的を持った、たくさんの組織が登場し、私たちの社会は、いつの間にか、たくさんの組織から成る社会になった。それは、国の支配によるものではなく、人間のエネルギーを原動力として、社会を発展させていく新たな挑戦といえる。

ドラッカーは初来日した一九五九年七月の翌月、『The Landmarks of Tomorrow』という著作を発表している。彼はその著作の中で日本に対する期待について触れ、次のように記している。

明治維新は意識的、体系的、組織的な努力によってもたらされた革新であり、これは世界最初のそしてもっとも勇気にみちた革新であった。この革新が行われた領域はひとり経済の分野にとどまらず、政治、社会、文化にまで及ぶ実に広範なものであった。明治の半世紀は、今日においても世界の範たるべき経済発展の物語である。明治時代の日本経済の発展の速度は古今未曾有のものであったが、これは同時代のアメリカの経済発展、さらには共産主義革命後四〇年にわたるソ連の経済発展の速度をも上回るものである。
しかもその発展は専制的な君主の支配や警察の圧力によって推進されたものではなく、自由な人間のエネルギー、献身、勇気を原動力とした経済発展であった。明治維新は、知識こそが近代社会の基本的な資源であるという認識を基礎にした世界最初の試みであった。すなわち明治の偉人たちは、資本や資源ではなく、教育を土台として近代的日本を建設したのであった。血気にはやる武勇ではなく、内に秘めた静かなる勇気、自己を犠牲にした献身、福沢諭吉のごとき責任感あふれた指導者の出現、これらはすべて当時の歴史の物語るところである。支配階級が自発的に自らの特権を放棄し、新しい課題に献身的な努力を傾倒した例はまったく世界に類をみないところである。

しかし、明治維新の最大の意義は、ひとり日本だけにとどまるものではない。明治維新こそが、「西洋史」と「東洋史」に終焉をもたらし、世界史の黎明をつげたものなのである。

さらに、日本は、「明日の産業社会」の建設に重大な役割を果たすものである。なぜならば、日本は非西欧的な歴史、芸術、伝統をもちながら、そこにすぐれた西欧的産業社会を築いた唯一の国だからである。したがって日本は、世界の大半を占める非西欧的伝統と文化をもった後進諸国の人たちの理想といえよう。またこれらの人たちは、日本の問題や過ちのみならず、日本のすぐれた成果にたいして重大な関心を寄せている。そのゆえこそ、日本の思想家、政治家、芸術家、実業家、学者、教育者、科学者、技術者にはきわめて重大な役割が与えられている。すなわち、これらの人たちにすぐれた指導性、高い識見、重大な責任が要請されると同時に、限りない機会が与えられるのである。

第3話

ドラッカーの講演「日本は世界の見本となる」

一九五九年七月七日　東京

二〇〇〇名の経営者が集まった

日本は世界の見本となる

一九五九年七月七日、日本事務能率協会（現日本経営協会）によってドラッカーの講演会が大手町の産経ホールで開催された。

会場には日本の経営者二〇〇〇名が集まった。満席だった。一九五九年七月九日の朝日新聞には、次の記事が掲載された。

「日本事務能率協会の招きで三日来日したアメリカの著名な経営学者ピーター・F・ド

ラッカー・ニューヨーク大学教授は、七日午前一〇時四〇分から東京・大手町の産経ホールで『経営の水平線』と題して約一時間半公開講演を行った。この演題の意味は、いわば現代経営の〝理念〟もしくは〝理想〟といったもののようで、ドラッカー教授は特に、(一) 現在では〝知識〟が重要な経済資源となった (二) 経済発展の考え方が変わり、〝知識〟をうまく組織的に活用して、経済生活を物的にも精神的にも豊かにすることが目標となった、など、新しい精神的な考え方を強調した。」

日本は第二次世界大戦を境に大きく変わった。戦後の日本は、長い間培われた生活習慣の多くが失われ、アメリカの文化を受け入れながら大きく変化していった。着物中心から洋服中心となり、身分社会から大衆社会となっていった。古くから受け継がれてきた習慣と海外から得た習慣が入り交じり、日本特有の文化がつくられていった。この時の日本は、まだそんな渦中にあった。

日本に来たドラッカーは、このときの講演会で日本の人々に何を語ったのだろうか。

ドラッカーの声がマイクを通して、会場に響き渡った。

第3話
ドラッカーの講演「日本は世界の見本となる」
一九五九年七月七日　東京

あらゆるものが刻々と変化していく。すべての国々が変化していく。多くの国が、起こった出来事に反応する形で、その軌道の中に身を任せるように変化していった。しかし、日本は、時代の変化に対応しただけでなく、時代の先を行くかのように、様々な問題を解決し、いろいろな障害を乗り越えてきた。

明治維新は、思想、教育、文化、習慣、外交、金融、産業、経済、政府など、ありとあらゆるものを根本的に変えていった。それは、まったく違う国に生まれ変わったかのような、世界でも例のない一国の変貌だった。

ドラッカーの話は、「明治維新という出来事」についてではなく、「一つの国を変えた革命」にあった。会社も、事業も、組織も、人材も、一朝一夕にできるものではない。大樹がしっかりと大地に根を張るように、粘り強く、一つひとつの物事を進めていかなければならない。なぜ、日本はその歩みを着実に進むことができたのか。ドラッカーの眼鏡の奥にある瞳は、そんな日本の精神性を深く見つめていた。

――日本は誰かの手によって変えられたのではない。自分の意志と力によって変わった。

1959年7月7日　産経ホール
（写真提供：一般社団法人日本経営協会）

今日を生き凌ぐしかないという状況に陥りがちな混乱の時代の中にあって、明治維新当時の日本は、理想を掲げ、学びを最優先とする政策を打ち立てた。人間の能力を伸ばそうと、身心両面にわたって働きかける教育を組織していった。日本が明治維新で行ったことは、知恵を生み出していったことだった。

私が伝えたいことは、あり得もしない理想ではなく、かつて社会で行ったことを会社でも行うべきだと伝えたいのだ。

すでに、日本はそうやって、自分たちの社会を変えてきた。その結果が、今日の発展の姿である。日本は、自ら変化を起こし、そ

第3話

ドラッカーの講演「日本は世界の見本となる」

一九五九年七月七日　東京

の軌道を変え、違う姿になっていた。

このように、新しく生まれ変わるような変化を成し遂げた国は、世界でも日本しかない。日本は、根本的に国を変えるといった勇気ある行動によって、強い力を持つ国になった。そして、ほかの国の支配下に置かれないアジアでは数少ない国になった。日本は、未来を開くために必要不可欠なものは人間の智恵であるということを理解していたのだと思う。私は、なぜ日本だけがそのような驚異的な革命に成功したのかをさらに知りたいと思っている。また、私だけではなく、アジアはもちろんのこと、世界の指導者が明治維新の淵源について詳しく知りたがっている。今後、日本が成し遂げた明治維新について、ますます関心が高まっていくことと思う。

私がここで伝えたいこととは、その秘めた力を最大限に生かし切ってほしいということだ。秘めた力を解き放てと言いたい。秘めた力を解き放つためにどうすればいいのか。今日はそのことについて話をしたい。

メイド・イン・ジャパン

今日、私達が抱えている課題

「日本の市場を考えると、日本の小さな市場だけに頼っていられない……。」

「事業を伸ばすためには、海外市場を視野に入れていかなければならない……。」

「製品をつくるために原材料を輸入したいが、輸入に必要な資金がない……。」

「海外で買ってもらえるものをつくるために、どうすればいいかわからない……。」

「海外の市場をどう把握して、どう事業を展開すればいいかわからない……。」

これは、今から五〇年以上前の経営者が抱えていた悩みだった。

中には、今日の経営者から聞く言葉とまったく同じものもある。事実、私のお客様が日頃抱えている問題がそうである。今日も多くの経営者が、「事業を伸ばすためには日本の小さな市場だけに頼っていられない」「世界で買ってもらえるものをつくるためにどうすればいいか。」という課題と日々格闘している。

一九五七年にはトヨタ自動車が、一九五九年には松下電器産業（現パナソニック）と本田技研工業がアメリカに現地法人を設立し、海外市場の拡張を本格的にスタートしている。彼らは既に市場を世界的視野で見ていた。今日、私達が抱えている課題はこの時からはじまっていた。

第3話
ドラッカーの講演「日本は世界の見本となる」
一九五九年七月七日　東京

「世界初」の技術

一九五九年は、松下電器産業が世界最小のラジオを、ソニーがデザイン性に優れた小型ラジオを、三菱電機が家庭用エアコンを世に送り出した年だ。日本は活気に満ちていた。とはいえ、日本市場の開拓は十分とは言えなかった。

当時の家電の普及率は、洗濯機が三〇パーセント、テレビ（白黒）が三〇パーセント、冷蔵庫は六パーセントにも満たなかった。

多くの企業は、国内市場の拡大に全力を注ぎながらも競争に勝ち抜き、さらに発展していくことを考えると、どうしても海外の市場を視野に入れる必要があった。これまで以上の市場を獲得していくためには、輸出に頼らざるを得ないというのが、当時の経営者の一致した考えであった。しかし、この頃、海外から「日本製は品質が悪い」というレッテルが貼られていた。現実は厳しかった。

輸出を通じて国内外に貢献する時代を迎えていたとはいえ、相手国のブランド名で製造する製品が大半を占めていた。輸出は勢いを得て、その量は着実に増していたとはいえ、この頃の日本の製造は、まだまだ海外の技術に頼っていた。一から新しい技術を開発する時間的余裕がなかったからである。日本はアメリカの下請けだった。

そのような中にあって、ソニーは海外に日本ブランドを知らしめ、海外の大手メーカーと対等な立場で商談を進め、海外市場の拡大を着々と固めていた。厳しい現実の中にあって、次々に「世界初」の技術を出していった。ソニーは「日本製の品質は悪い」という世界のレッテルをはがし、日本に対する海外の評価を変えていった。どれだけ多くのものをつくるかよりも、どれだけ高品質で価値あるものをつくるかに、時代は大きく動いていた。

人間こそがすべて

ドラッカーは続けた。

人類史上はじまって以来、共通の関心事が生まれた。それは、経済の発展だ。もちろん、経済の発展がすべてであるはずがない。共通の関心事として、たまたま自然発生したものが、経済の発展というだけだ。経済を発展させていくためには市場が必要だ。その市場は、こちらが望む通りに勝手に発展してくれるわけではない。市場を創り出していかなくてはならない。

経済学者は、発展途上国の人々が必要とするものは、着るもの、食べるもの、住むところ、生活に欠かせないものにニーズが高まっていくと予想した。しかし、現実は違った。発展途上国の人々が望んでいたものは、ラジオ、テレビ、自転車、自動車、家庭電化製品、学習だった。中でも一番ニーズが高かったのが学習だった。「物」ではなく「情報」だった。ラジオという物体が欲しかったのではない。世界の動きを知りたいというニーズを満たすために、その手段としてラジオが必要だったのだ。

山奥に住んでいる人々は、外の社会と完全に隔離された世界の中で生活している。その人達にとって、その人達が生きている社会の外は、恐怖に満ちた世界に見えていたかもしれない。その人達にとって必要だったものは、便利な場所に移り住むことではなく、知らない社会を知ることだった。その人達にとって、ラジオは自分達の知らない世の中のことを知るための必需品だった。

正しいのはいつもお客様であり、間違っているのはいつも経済学者だ。物ですべてが満たされるわけではない。人間こそがすべての土台だ。

会社を経営しているということは、経済を発展させる一翼を担っているということだ。経営者の仕事は、「お客様に物を買っていただくこと」ではなく、「**物を通してお客様に喜んでいただくこと**」だ。そして、働く人にエネルギーを送り届け、価値を生み出す人にすることだ。そのために経営者は、仕事のやり方、組織の運営、事業の進め方について、新しいことを学び、それを現場で生かしていかなければならない。それが、避けて通れない大きな課題である。

日本は経済大国になる

人間がすべてであることを忘れないでほしい

ドラッカーの講演は続いた。

これから数年間は、新しい製品や新しいやり方、新しい手段が現れて、経営者が試練に直面する激動の時代になる。

「今行っていることを継続的にうまく運営すること」から、「**今ないものを新しく創り出すこと**」になる。イノベーションである。社会を正しく方向付け、社会が遭遇する問題

に応え、社会を繁栄に導くことこそ、経営者の役目である。

発展途上国と言われる国が、発展途上にとどまっているのは、マネジメントがないからである。マネジメントこそ、国の繁栄に必要不可欠なものである。

マネジメントする人がいなければ、原料も、お金も、労働も、技術も、知識がただあるだけで、価値を生み出すことはない。**マネジメントは、実体のないばらばらのものを、生きた一つのものにすることである。**

私たちに起こることは偶然の出来事であって、盲目的に順応するだけだと信じていた時代があった。そこには、社会に対して担う責任はなかった。しかし、事業をマネジメントするということは、そこにいる人が主体となって変化を生み出すということである。そこには、社会に対して担う責任がある。

次の一〇〇年をつくれるかどうかは、マネジメントにかかっている。また、一人の暴君の思うままに人間が蹂躙されるような社会にならず、**人間が人間らしく暮らせる社会にな**

るかならないかは、マネジメントにかかっている。

ドラッカーはそう語り、次のように締めくくった。

大事なのは「これまで何が起こったか」ではない。起こったことから何を学び取れるか、だ。

こうして今日までこられたのは、年老いた人をおぶって歩く若い人がいたからだ。若い人に勇気を与える年老いた人がいたからだ。ぼろぼろになった男性を支える女性がいたからだ。愛する女性を幸せにしようと働き抜いた男性がいたからだ。見知らぬ人に食べ物を分ける人がいたからだ。わが子のためにわが身を捧げる親がいたからだ。親を想う子どもがいたからだ。上司を支える部下がいたからだ。部下を助ける上司がいたからだ。励まし合う同僚がいたからだ。

今日までこられたのは、人々が希望を失わなかったからだ。人々が明日を信じてきたからだ。人々が明日をつくり出してきたからだ。

日本は世界市場の参入に成功した。なぜ成功したのか。買い手が欲しいと思うものを提

第3話
ドラッカーの講演「日本は世界の見本となる」
一九五九年七月七日　東京

供しているからだ。日本は経済大国になる。そして、日本は世界の見本となる。「メイド・イン・ジャパン」と書かれたものは世界に渡った。知恵の「メイド・イン・ジャパン」も世界に創り出していってほしい。

この章のはじめで、多くの企業が、新しい事業、新しい商品やサービスを模索しながらも行き詰まり、それでも戦っていることに触れた。状況は過去と現在ではまったく違うが、現在もなお、私たちに「新しいものを生み出す力」があることは事実である。

ドラッカーは、一九一四年から一九一八年、人類史上最初の大戦と言われる第一次世界大戦を、一九三九年から一九四五年、人類史上最大の戦争と言われる第二次世界大戦を経験している。戦乱を生き抜いたドラッカーは、人間の幸福を脅かすもの、人間を幸福にする社会の追究に全霊を傾けた。ドラッカーの声にはその気迫がこもっていた。

講演の最後の言葉は、

「人間がすべてであることを忘れないでほしい。」

だった。「経営の水平線」と銘打たれたドラッカーの講演は終わった。

闇を破り、未来を照らし出すことができる光は「智恵」という太陽だ。水平線の彼方に太陽は昇った。空に浮かぶ雲が、金色に染まりはじめた。会場の窓から、太陽の光が降り注ぎ、帰る参加者の顔を明々と照らしていた。

社会をよりよいものにしていくことが企業の役目だ。**企業が生きる道は、シェアを奪い合い、競合他社に打ち勝つことではなく、常に新しい価値を社会に生み出していくことにある。**

企業を率いる経営者の仕事とはいったい何だろうか。ドラッカーは日本の経営者に何を語ったのだろうか。それは、第4話「トップマネジメント」でお伝えしたい。

まとめ

- 社会が遭遇する問題に応え、社会を繁栄に導くことこそ、経営者の役目。
- 新しく生まれ変わるような変化を成し遂げた国は、世界でも日本しかない。
- 組織で働く一人ひとりが成長すればするほど組織は成果をあげることができる。
- 変化に対応するのではなく、自ら変化を起こしていかなければならない。
- マネジメントは実体のないバラバラのものを生きた一つのものにすること。
- 人間が人間らしく暮らせる社会になるかならないかはマネジメントにかかっている。
- 企業が生きる道は、常に新しい価値を社会に生み出していくことにある。

STORY-IV

第4話

ドラッカーのセミナー1日目
「トップマネジメント」

一九五九年七月一五日　箱根

日本の経営者六〇余名が集まった

経営者の仕事

「やってきた仕事は設計だ。どうやって経営計画を作ればいいのかよくわからない……。」

「長年、商品企画の仕事をやってきた。人事制度の作り方など何もわからない……。」

「お客様と接する仕事は好きだが、社内のマネジメントは如何せん煩わしい……。」

「営業しかやってきていない。工場の生産性を上げる具体的な指示などできない……。」

「ビジョンを描き、事業を推し進める仕事は好きだが細かい数字はどうも苦手だ……。」

第4話
ドラッカーのセミナー1日目「トップマネジメント」

一九五九年七月一五日　箱根

これは、いろいろな社長から実際に聞いた言葉だ。

知らないことを知ることができるその情報量、自分が発信できる情報量、自分に届く情報量、そして、その情報の速さ。一九五九年当時と今日の違いはあまりにも大きい。追っかけてくる仕事量は、自分がこなせる仕事量をはるかに超えている。

当時、経営者は体がいくつあっても足りなかった。今日は、体はもちろんのこと、頭がいくつあっても足りない。そんな社長にお会いするたび、

「どうかご自愛ください」

と心の中で言わずにはいられなくなる。

経営者とは経営する者と書く。経営とは、ご存じの通り、江戸末期に生まれた造語で、経営の経は、御経の経で「人に喜びをもたらす」意味が込められている。経営の営は「行い」という意味を持つ。経営は、「**人に喜びをもたらす行い**」ということから生まれた。つまり、経営者は、「**人に喜びをもたらすことを行う人**」を言う。

そして、トップマネジメントとは、すべての責任を担う組織の首脳部のことで、「経営」「経営者」を総称する言葉として使われる。

日本に来たドラッカーは、このときのセミナーで経営者の仕事について何を言ったのだろうか。

三泊四日のセミナー

一九五九年七月一五日、日本で初めてドラッカーのセミナーが開催された。セミナーのコーディネーターは野田一夫先生。幹事役はソニーの創業者、井深大だった。トップマネジメントセミナーと題されたこの三泊四日のセミナーは、神奈川県箱根の富士屋ホテルで行われた。

富士屋ホテルは、一八七八年に開業した元祖高級リゾートホテルだ。かつては、ホテル内に外務省の事務所が設置され、海外の大使館員の宿舎としても使用されていた。一九三二年にはチャールズ・チャップリン、一九三七年にはヘレン・ケラー、ダグラス・マッ

第4話

ドラッカーのセミナー1日目「トップマネジメント」

一九五九年七月一五日　箱根

1959年7月14日　箱根の富士屋ホテル　前夜祭
(写真提供：一般社団法人日本経営協会)

カーサーがこの富士屋ホテルに宿泊した。
また、ジョン・レノンはオノ・ヨーコと息子を連れ、家族で長期滞在していた。そして、一九五九年七月、ドラッカーは本館五二号室に滞在した。現在、ドラッカーが滞在していた五二号室は一般客用として使われていない。歴史を思わせる、その格調高い建物を一目見たいと、今もヨーロッパから多くの宿泊者が来ている。館内にあるメインダイニング「ザ・フジヤ」には、百年続く伝統のカレーがあり、コースで五〇〇〇円。ぜひ一度試されることをお勧めしたい。

日本を代表する経営者六〇余名は、セ

1959年7月15日　箱根の富士屋ホテル
(写真提供：一般社団法人日本経営協会)

ミナー前日の七月一四日の夕刻に集合した。その晩は前夜祭として、参加者全員で夕食をともにしながら、和やかな雰囲気の中でドラッカー自身の自己紹介、参加者同士の自己紹介が行われた。参加者の中には、この年ソニーの副社長に就任した盛田昭夫、立石電機(現オムロン)の創業者、立石一真、そして、のちに日本電気の代表取締役社長に就任した小林宏治がいた。

ソニーの盛田、オムロンの立石、日本電気の小林は、この時のセミナーでの出会いをきっかけに、それぞれドラッカーと個人的に親交を深めていくことになる。

第4話

ドラッカーのセミナー1日目「トップマネジメント」

一九五九年七月一五日　箱根

この三泊四日のセミナーでは、次の内容が予定されていた。

一日目　トップマネジメント
二日目　リーダーの育成
三日目　組織の人間関係

一日目の「トップマネジメント」はこの第4話で、二日目の「リーダーの育成」は第5話で、三日目の「組織の人間関係」は第6話でお伝えしていく。

一日目、六〇余名の参加者にセミナーテキストが配布された。左のページは英語、右のページは日本語で綴られた六八ページの分厚いテキストだった。

セミナーの内容は、あらかじめ用意されたテキストにしばられることなく、その場で生まれる一人ひとりの考え、その時に起こる一人ひとりの想いを中心に自由な発言、質問に応じるような形式で進められていった。

会社を窮地に追い込んだ社長

ドラッカーの声が会場に響いた。

一日目のテーマは、経営者の仕事についてだ。

経営者というと、富と権力を持った人だけを言う時代もあった。また、経営者という言葉は会社を所有しているという意味を指す場合もある。経営者という言葉については、その時代の考え方や、人によって自由に解釈されてきた。私が仕事を始めたころ、経営者は助手を使って、すべての仕事を管理する人だと考えられていた。時が経つとともに、経営は一人の人間の延長として組織があるのではなく、生きた人間集団によるものだということがわかってきた。

今日ここで、経営者の仕事について、はっきりさせていきたい。人は就職すると、管理部、技術部といった一つの部門に配属される。その分野で経験を積み、その分野の専門性を高めて力をつけていく。何年か経ち、技術者は技術部門の課長へ、経理の担当者は

第4話

ドラッカーのセミナー1日目「トップマネジメント」

一九五九年七月一五日　箱根

―――――

経理部門の課長に昇進していく。

部長に昇進し、やがて経営幹部に昇格したとする。昨日まで部長だった人が、ある日突然、経営者の一員として、会社全体の視野に立って仕事に当たらなければならなくなる。トップマネジメントの仕事は、他の仕事とはまったく違う。この瞬間、仕事の勝手が変わるのである。

ドラッカーはゆっくりとした口調で、そんな前置きをしたうえで本題に入った。

ドラッカーはかつて、アメリカの自動車メーカーでミシガン州のデトロイトに本社を置くゼネラルモーターズからコンサルティングの依頼を受け、組織内に入り深く関わっていた。彼はゼネラルモーターズのことは誰よりもよく理解していた。同社で実際にあったことを紹介した。

ドラッカーは一人ひとりに語りかけるように、こう言った。

―――――

トップが何に時間を使うかが事業の成長を決める。ゼネラルモーターズの例を紹介したい。前任の社長はアルフレッド・スローンという人で、ゼネラルモーターズを飛躍的に大発展させた功労者だ。

経営陣の一人に、ハーロー・カーティスという男がいた。アルフレッド・スローンは自分の後任に、彼を社長に選んだ。もちろん今後の政策を十分に考え抜いたうえでのことだった。

アルフレッド・スローンが退任し、カーティスが社長になってから、会社は窮地に追い込まれてしまった。

カーティスはけっして経験の足りない人物ではなかった。大不況の中、ある事業部の責任者として奮闘し、その事業部を最も利益率の高い組織に変えた実力者だった。また、一番売りにくい高級車を全米三位にする実績をつくった優秀な人間だった。そのカーティスが会社を絶体絶命の窮地に追い込んでしまったのである。いったいどうしてか。

カーティスは、経営を進めるにあたって、他の役員の協力を得ることをよしとしなかった。トップマネジメントは一人で行うものであるという考えから脱することができず、トップマネジメントをすべて自分一人で仕切った。

事実、カーティスは社長に就任しても、車をどう売るかしか考えなかった。社長になってもなお、営業マンとしての考えしか持たず、営業マンとしての仕事しかしなかった。こうして、カーティスは会社の窮地を自らつくってしまった。対外的に会長職に昇進した形をとったあと、すぐに会社を去った。

なぜ優れた人が優れた経営を行うことができなかったのか。

この時、ゼネラルモーターズに必要だったのは、前任の社長が過去に考えた政策は、いまになっても適切な政策かどうかを検証することができる人物だった。

そして、トップマネジメントを一人で仕切るのではなく、他の役員の意欲を湧き立たせ、役員を会社の発展に向けて教え導くことだった。カーティスは、この時のゼネラルモーターズに必要だったものを持ち合わせていなかったのだ。

いや、カーティスは、仕事の勝手が変わったことを受け入れなかったのだ。

一つの部門で仕事をしてきた責任者は、経営者に必要な知識と訓練に欠いている。これまで仕事をしてきた分野で培った知識と経験が、経営者の仕事の妨げになる。経営者として任命を受けたとしても、会社全体に立った視点を持てないままでいる。会社全体に

米国ミシガン州デトロイト　ゼネラルモーターズ本社（写真提供：アフロ）

立った視点を持てないことが、経営者の仕事の妨げになる。

売上だけを追いかけ、トップが明確な将来像を描かなかったところに、その失敗があった。ビジョンの欠如は働く人の士気を破壊する。**トップが価値あるビジョンを示せば、働く人は力を発揮してくれる。**

その後、GM破綻

ドラッカーは、以前、ゼネラルモーターズに、会社を改革していかなければ経営は破綻するであろうと注意を促し、三つの提案をしていた。

一つは、**経営のやり方を変えること**。

企業は自ら変革していかなければ生き続けることはできない。今どんなにうまくいっていたとしても、時が経てば、今のやり方は、必ずうまくいかなくなる。

二つ目は、**事業の大きさに適した運営をすること**。

事業の規模やその業態に応じて、適切な運営をしていかなければ、現場の仕事に支障をきたし、組織は不治の機能不全に陥り、やがて収益をあげることができなくなる。

三つ目は、**現場に最大限の権限を与えること**。

組織が大きくなると、一人ひとりが持つ固有の能力は発揮されにくくなる。リーダーシップは、すべての階層で発揮されなければならない。現場にできるだけ多くの権限を与え、現場で働く人が意思を持って判断できる状態で仕事をさせなければ、やがて事業が立ち行かなくなる。

当時、世界最高の高収益を誇っていたゼネラルモーターズは、ドラッカーの提案を完全に無視した。しかし、二〇〇九年、日本円にして約一七兆円の負債を抱え、経営破綻する。かつて隆盛を極めたゼネラルモーターズの経営政策は実効性を失い、部門間の対立やグループ会社間の確執によって収益はあがらず、主体的に物事を考える従業員はいなくなっていた。組織の改革は少人数でできるものではない。その組織で働く全員がその仕事を共有しなければならない。

その倒産劇は、ドラッカーの言った通りの結果であった。

当時のゼネラルモーターズの経営陣にとって、ドラッカーの言葉は腹立たしいものだったかもしれない。しかし、ドラッカーは悪意を持って批判したわけではない。善意あって警報を鳴らしたのだ。

ゼネラルモーターズは、頑《かたく》なに、「自分たちの正しさ」を疑わなかった。ドラッカーが言ったことは、「理論的に正しいかどうか」ではなく「現実にうまくいくかどうか」だった。ドラッカーが「現実的だった」のに対し、ゼネラルモーターズは「教条的だった」。

組織の実態を過小評価すれば事業は力を発揮できず、過大評価すれば事業の成長は望めない。トップマネジメントの仕事は、組織の実態を客観的に把握し、誰も注意を払わない問題を取り上げることにある。

時務を知るは名将の活眼。ゼネラルモーターズを世界最大級の企業へと成長させたアルフレッド・スローンのあと、組織全体を見通し、時に応じた、自分のなすべきことがわかるトップは現れなかったのだろうか。

人は、一度大きな成功を得ると、他者からの助言を聞き入れることができなくなる。そして、課題と正面から向き合うことを避け、不本意な結果を自ら招いてしまう。それが、この時のゼネラルモーターズの姿だった。

今この本を読んでいるあなたの会社はそんなことはないと思うが、この話は、実際に起こったことであると同時に、今も起こりうることである。そして、現在多くの組織で起こっていることである。問題は、第1話でお伝えしたように、良く変わりつつあるか、悪く変わりつつあるか、それに気づかすに進んでしまうことだ。

経営者に必要な能力とは

ドラッカーは、とてもゆっくりとした口調で話をする。それが質問をしやすくする。ドラッカーが話している最中、その言葉を遮って参加者から質問が出た。

「経営者にふさわしい人物とはどんな人ですか?」

質問は、通訳によってドラッカーに伝えられる。たまに質問の意図や言葉の微妙な意味合いがドラッカーに伝わらないことがある。参加者が期待した言葉が返ってこない時もあった。しかし、参加者は質問し直すことはせずにドラッカーの言葉から多くを汲み取っていった。

ドラッカーは、笑みを浮かべながら、いい質問だと言い、次のように答えた。

――経営者にふさわしい人とは、自分を成長させられる能力を持った人である。役職が高く

第4話

ドラッカーのセミナー1日目「トップマネジメント」

一九五九年七月一五日　箱根

――なれば高くなるほど、自分に成長を促してくれる人はいなくなる。経営者は自分で自分を成長させていく以外にない。

ドラッカーが言った言葉は、「経営をうまくこなすやり方」ではなく、「**経営者としてのあり方**」だった。

ドラッカーは、来日の数か月前、四〇名のマネジャーを対象に、三日間のセミナーを行っていた。その時のセミナーで、参加者に二つの宿題を出した。その宿題とは次のようなものだった。

一つは、「**あなたの会社でトップマネジメントは誰を指していますか？**」

もう一つは、「**どういう人をトップマネジメントと言えますか？**」

参加者四〇名の答えは、四〇通りあった。

ドラッカーは、四〇名で四〇通りの答えを共有したうえで、最も適切な答えは何か、ということについて参加者に議論を促した。議論のすえ、「あなたの会社でトップマネジメントは誰を指していますか?」というものに対して満場一致で選ばれたものが、「誰がトップマネジメントなのかわからない」だった。

そして、「どういう方をトップマネジメントと言えますか?」に対して選ばれたものが、「これに答えられるならセミナーに来ていない」、というものだった。しかし、セミナーの最終日である三日後、参加者はある共通の考えに至った。それは、

「トップマネジメントとは会社の未来をつくる人」

だった。

その言葉は、あまりにも漠然としたものに聞こえるかもしれない。

具体的な例を挙げれば、マネジメントで強みを発揮できるなら、部下を預かって組織の中で成果をあげてもらうのがよいし、外に出て人脈をつくることが得意なら、どんどん外へ出るべきだ。また、商品開発が得意なら商品開発で力を発揮してもらうのがいい。

会社の未来をつくる人とは、会社全体を見通し、**自分の強みを会社への貢献に変えることができる人**といえよう。「ああなろう、こうなろう」「あれもやろう、これもやろう」と目移りせずに、自分の強みに徹してこそ、何かを成し遂げることができる。重要なことは、「会社からどう評価されるか」ではなく**「会社に何をもって貢献するか」**である。

第4話

ドラッカーのセミナー1日目「トップマネジメント」

一九五九年七月一五日　箱根

四〇の会社を持つ社長

将来について考える時間

ドラッカーは、数ヵ月前、大きな企業の社長から時間の使い方について相談を受けていた。その会社は、四〇社のグループ会社を持つ社長だった。その社長は、グループ会社のトップとして、四〇社のリーダーの面倒を見ていた。時間の無さに悩むはずだった。

その社長の相談の内容は、

「毎日時間に追われて困っている。それを解決したい！」

というものだった。ドラッカーは、その後、その会社にコンサルタントとして関わった。

その時の仕事を、次のように参加者に語った。

トップは、将来について考える時間を必ずとっておかなければならない。これは絶対である。そのために、できる限り現場に権限を与え、できるだけ現場で決定できるようにしなければならない。

私はまず、その社長が何にどれくらい時間を使っているかを把握し、次のような解決策を考えた。彼の一番重要な仕事は、自社の技術を高めていくことだった。言い方を変えれば、彼の仕事は技術者の育成だった。

まず、時間の三分の一を、技術を高めることに使用する。といっても、彼は技術者ではないので、技術の仕事そのものに関わることはない。もう三分の一を、マネジャーの育成にあてることとした。残りの三分の一は必ず空けておくことを強く進めた。

そして、一年のうち四週間、一二月全部を予算、設備拡張に関する計画に使う。子会社については、三年ごとに一週間を使って、スムーズに進んでいない仕事があれば改善の手を打つことと、三か年計画の内容について確認をする。

第4話

ドラッカーのセミナー1日目「トップマネジメント」

一九五九年七月一五日　箱根

いったん経営計画が決まれば、立てた計画と実行に大きな違いがないかぎり、子会社に時間を使わない。仮に、子会社の社長が計画と実行に大きな違いがあるのに報告してこないときは厳しい処分を与えると規則をつくった。

この時まだ、世の中にタイムマネジメントという言葉は登場していなかった。今日、どうやってうまく仕事を片付けるかがタイムマネジメントであるかのように言う傾向がある。しかし、**タイムマネジメントとは、「多くの仕事を効率よくこなすこと」ではなく、「やらない仕事を決めること」である。**言うは易く行うは難しで、かく言う筆者も時間の使い方には常に悩んでいる。

ある頭取の一時間半

まとまった時間をつくる

ドラッカーは続けて、自分が知っている中で一番うまく時間を使っている人として、ある銀行の頭取の仕事のやり方を紹介した。仕事の内容は、経営を強化することと経営チームの構築と仕事の仕組みをつくることだった。

――その頭取と会えるのは、一か月に一回一時間半だけしかなかった。何日もかかるような仕事を一時間半の中で進めた。打ち合せの前に、話し合う内容を必ず確認し、その内容

についてお互いに下調べをし、あらかじめ準備したうえで、一時間半の打ち合わせを進めた。

その一時間半の間は、電話がかかってくることがなかった。また、秘書がノックして入ってくることもなかった。こうして、毎回行った一時間半の打ち合わせは、一秒たりとも中断することなく進めることができた。私は不思議に思い、ある日
「なぜ打合せはいつも一時間半なのですか？」

と頭取に聞いてみた。その頭取は、

「私が集中できる限界は一時間半なんです。だから、打合せは一時間半と決めているんです。」

と答えた。そして、もう一つ、

「打ち合せしている時は、電話もかかってきませんし、秘書から連絡が入ってくることもありませんが、どう工夫されているのですか?」

と聞いてみた。その頭取が言うには、

「一時間半の打ち合せ中は、大統領と妻からの電話以外はとりつがないように秘書に言ってあるんです。もちろん、大統領から電話がかかってくることもありませんし(笑)、妻は私のスケジュールを知っているので、一時間半の打ち合せ中に妻から電話がかかってくることもありません。そうやって打ち合せに集中できるように工夫しているんです。」

ということだった。さらに聞いてみた。

「次の会議まで時間をどのように使っているのですか?」

頭取はこう答えた。

第4話

ドラッカーのセミナー1日目「トップマネジメント」

一九五九年七月一五日　箱根

「次の一時間半で、かかってきた電話の対応やたまった仕事を片づけています。」

この頭取は、このような工夫をして時間を使っていた。月曜日から水曜日は、毎日一時間半の会議を三回こなし、木曜日と金曜日は、他の仕事ができるように時間を確保していた。自分のスケジュールが完全に埋まってしまい、忙しいあまりに重要な仕事が後回しになってしまうようなことがないように工夫していた。

細切れの時間は所詮やっつけ仕事しかできない。成果をあげるためには、まとまった時間をつくり、集中することだ。まとまった時間があればいい仕事ができる。

出勤前にデスクで二時間過ごす社長

スケジュールは八〇時間以内に

ドラッカーは、前項で伝えたこの頭取とはまったく違う方法で、時間を有効に使っているある企業の社長の仕事のやり方を紹介した。その社長は、出勤前に電話のないデスクで二時間、会社の将来のことについて考えたり、ものを書いたりしてから出勤するのが習慣だった。

この社長は、細かなスケジュールを組まずに時間を使っていた。帰宅すると、またデスクにこもってその日の振り返りをし、書き物をすることを日課にしていた。

第4話
ドラッカーのセミナー1日目「トップマネジメント」
一九五九年七月一五日　箱根

持ち帰った仕事は、頭を休ませるため、翌朝の冴えた頭でじっくり考えるようにしていた。先に紹介した頭取とこの社長の共通点は、**大切なことをじっくり考えることができる時間を確保していた**ということだ。

そして、ドラッカーはこう言った。

スケジュールを立てないことより悪いことがある。それは、隙間なくスケジュールを埋めてしまうことだ。仮に、一か月の労働時間を一六〇時間とすれば、スケジュールを八〇時間以上入れれば悪い事態に陥ることになる。日々、予想していなかったことは常に起こる。それを考えるならば、半分の八〇時間でも多過ぎるくらいだ。人間である以上、くつろぐ時間も必要だ。成果をあげるためには、あくせく働かなくてもいいようにする工夫が必要だ。無理なく続けることができて、自分にとってしっくりくる時間の使い方を見つけていただきたい。

すべての組織が九時から五時というわけではないが、社会の制度上、働く時間はある程度決まっている。私たちはある一定のリズムで仕事をしている。しかし働く時間を一秒たりとも漏らさずに集中していられる人はいない。仕事で成果をあげられるのは、集中している時だけだ。ところが、集中できる時間はごくわずかだ。先ほどの二人は、自分が集中できる時間をうまくコントロールしている。

時間の使い方は能力ではない。仕事をどれだけ効率よくこなすかでもない。仕事をすべてリストアップしていただきたい。次にリストアップした仕事一つひとつにどれくらいの時間がかかるか、五分なら五分、三〇分なら三〇分と書いていってほしい。

セミナー参加者は、ドラッカーの話を聞きながら、これまでの自分の仕事のやり方を思い返していた。参加者はそれぞれの頭の中で、「あれはまずかったかもしれない」「もっとこうするべきではなかったか」と様々な反省が頭の中に浮かんでは消えていった。そして、「これからはこうしよう」「あの仕事はやり方を変えよう」といろいろな決意が生まれていた。それぞれの頭の中で、いまの自分に必要な何かをキャッチしようとセンサーが動き続けていた。

第4話

ドラッカーのセミナー1日目「トップマネジメント」

一九五九年七月一五日　箱根

セミナーの終了予定の時刻はかなり過ぎていた。参加者は頭の中に生まれた衝動をどこかに着地させることができずにいた。誰もがこの場を終えたくなかった。セミナーの終了をうながすかのように、セミナー会場には夕げの香りがただよっていた。

社員二三名が四〇〇〇〇名に

年商約一兆円規模に発展

セミナーの終了後、それぞれ部屋に戻り、夕食に集まった。夕食時に何が語られていたか。その記録はない。

夕食が終了したあと、八時から一〇時までディスカッションが行われた。企業の経営陣が合宿に行って会議を終え、食事を済ませたあとに夜を徹して繰り広げられる語らい――。この時のディスカッションは、まさに、それだった。

セミナー中に質問できた人もいれば、タイミングを逸して質問し損ねた人もいた。また

第4話
ドラッカーのセミナー1日目「トップマネジメント」
一九五九年七月一五日　箱根

言葉がまとまらず質問できなかった人もいた。何人かは、食事中にいくつかの質問を頭の中で整理し、用意していた。ディスカッションは、ドラッカーの進行にしたがって休憩時間が設けられた。休憩時間中、ドラッカーに質問する人が多くいた。質問に対する答えの中で、ドラッカーはこう言った。

「日本は、海外の技術に頼るだけでなく、独自の技術を開発していかなければならない。」

参加者の中には、その意味を受け止めかねる人もいた。新しい技術を開発している余裕などなく、既にある技術を利用することで精一杯だったからだ。

すると、一人の痩せ細った男がこう言った。

「そうです。わが社は既にそうしています。」

通訳がドラッカーにその痩せ細った男を紹介した。通訳はドラッカーに次のように伝えた。

「あれは、中小企業の社長です。先はあまり期待できません。」

工場にはいろいろな機械がある。機械には必ず電流を止めたり、流したりする装置がある。それをスイッチと言う。スイッチは、ある物とある物が触れた時にはオンになり、ある物とある物が離れた時にはオフになるというものだ。物と物が触れればその分、物は摩耗する。その摩耗が限界に達するまでの時間がスイッチの寿命だ。スイッチが壊れれば、機械の動きは止まってしまう。

当時、スイッチの寿命が、各地工場の生産性を下げていた。この年、物と物が接触しないスイッチが開発された。それは、世界の製造業に革新をもたらした。

経済の成長とともに車が増え、交通事故が急増した。交通事故は深刻な社会問題となっていた。一九六四年、交通事故防止のため、車を検知して車の混雑を緩和させる信号機器が開発された。この機器はのちに交通管理システムの基礎となった。

一九六三年、お金を入れれば、自動的におつりが出るという機器が開発された。自動券売機だ。それは百貨店の食堂で使われるようになり、やがて全国の駅で自動券売機として使われるようになった。

第4話
ドラッカーのセミナー1日目「トップマネジメント」
一九五九年七月一五日　箱根

通訳から先はあまり期待できないと言われたその中小企業は、前述した世界初の技術を次々に生み出していった。その中小企業とは、立石電機（現オムロン）だった。その痩せ細った男は創業者、立石一真だった。

戦後、三三名から再スタートしたオムロンは、現在は従業員約四〇〇〇〇名となり、グループで年商約一兆円規模の事業に発展した。日本以外に、アメリカ、オランダ、中国、シンガポール、インド、ブラジルに拠点を持ち、海外の業績比率は全体の五割を超えている。

事業の成功を決定づけるもの

社長の仕事

ふたたび、ここで参加者から質問が出た。

「ようするに、社長は何をすればいいんですか？」

「それは、すでにあなたが行っていることだ。わかっていてそれを行っているか、わからないままそれを行っているかの違いだけだ。ただ、欠いているものがあるとすると大変

だ。危機的状況を招いてしまうかもしれない。危機的状況を招かないために、経営者の仕事について確認していきたい。」

ドラッカーは、一方的に考えを押しつけることはしない。目の前にいる人の考えを引き出し、自ら気づくように進めていく。気づきが得られれば、また新たな疑問が生まれる。参加者は、発言者であって聴講者ではなかった。

参加者が主体となって、経営者の仕事と考えているものを次々に挙げていった。

社長を支えるはずの役員は担当部門の仕事に忙しく、よくて社長の助手にとどまる。現実、会社の先行きのことを考えるのは社長一人となってしまう。

社長は、自分のエネルギーを会社の推進力に変えるために、人知れぬ辛労と向き合いながら、多忙な日々を駆け抜けている。機会を探究しながら、必ずやってくる危機を備え、先んじて手を打ち、常に何かを考え、何かが足りないと思いふける。

どんな方向に向かって、どのように事業を推し進めていくか。それらいっさいを操縦しているのは社長一人であり、エンジンはフルに回転している。しかし、船はエンジンの回転だけでは進まない。

では、どうすればいいのだろうか。

エンジンの回転を推進力に変えるためには、スクリューが必要だ。操舵とエンジンとスクリュー。この三つの連動が安全な航海の必須条件である。ところが、操舵とエンジンに心を砕くことはあっても、スクリューの存在を意識することはほとんどない。このスクリューとは、経営チームのことだ。経営チームについて、ここでは、前作『ドラッカーが教える最強の経営チームのつくり方』（総合法令出版）と内容が重複しない範囲にとどめたい。

社長が関わりを持つ人は、役員幹部、社員、主要取引先の担当者、大口顧客の社長、業界の関係者、取引している銀行の担当者、株主、各種メディアなど、数えきれないほどある。

社長の仕事は、あまりにも多く、すべて一人でやりきれるものはない。どうしても自分にとって関心ある仕事に注意が向けられることは如何ともし難い。困るのは、自分が関心を払っていないところから問題がやってくることだ。すべてが不意打ちである。そして、後手に回る。あちらからやってくる問題の処理に追われ、こちらから問題を取りに行けなくなり、打つべき時に、打つべき手立てが打たれなくなっていく。急ぎの仕事に日々追われ、重要な仕事が疎かになっていく。

中でも、一番疎かにされがちな仕事が、役員幹部との意思の疎通である。社長にしてみれば、

「実績をあげて、役員になったくらい優秀なんだから、いちいち意思の疎通を図らなくてもわかるだろう。」

と考え、わざわざ意思の疎通に時間を割くことはしない。気が付かないところで、お互いの考えの違いは大きくなっていく。考えの違いが大きければ大きいほど、話は噛み合わない。あげくの果てに、トップが役員幹部の考えを否定して終わるだけの会話になる。それは、会話とは言えない。それは、

「黙っておれの言う通りに動いていればいい」

と言っているようなものだ。こうして、組織は、「人の動き」はあっても、「人の働き」はない状態に陥ってしまう。

企業の成功が活字になる時は、それがトップ一人の功績として取り上げられる。しかし、実際、繁栄している企業のトップは、必ず誰かの力を借りて成功している。誰の力も借りることなく成功した人など一人もいない。一代で巨大な事業に発展した企業であっても、それは一人の人間によって成し遂げられたものではなく、役割を分担する協働によって成し遂げられたものだ。経営の仕事を分担し、協働によって成し遂げられるということは、いったいどういうことなのだろうか?

野球は、一塁手がボールを追えば、誰かが一塁に入ってくる。一塁を守るのは彼の仕事だから、自分には関係ないといって何もしなかったら、試合に勝てない。また、ランナーが出て、得点のチャンスとなれば、自分がアウトになっても、送りバントや犠牲フライを打つことにもある。トップも気づかない問題を、他の役員が気づいて手を打ってくれるからこそ、そこに円滑な運営が生まれる。役員が一丸となって、自分たちの課題に正面から取り組むことによってはじめて会社は成長し続けていくことができる。

「人間の能力というものは、いろいろあってだれしもオールマイティというわけではな

く、それぞれ得意とするものを持っている。だから、社長は社長で、その得意とするものに全力をあげてもらって、あとのことは心配をかけないように、みんなで分担する。」

こう言ったのは、ホンダの元副社長、藤沢武夫である。

ホンダの社風は、底抜けに明るい天衣無縫《てんいむほう》な本田宗一郎によるところが大きい。そうかといって、何でもありの放任主義でもないし、決まったことさえやっていればいいという官僚主義でもない。要所要所を固めて企業という組織を形づくっていったのは藤沢武夫の力だった。

ホンダは、本田宗一郎あっての魅力であり、藤沢武夫あっての組織だった。

家庭内に電気の供給口は一つしかなかった頃、松下電器（現パナソニック）は電灯と電化製品を同時に使用できるようにと二股ソケットを発明した。それを考案したのは松下幸之助だが、それをつくりあげたのは松下幸之助を陰で支えた高橋荒太郎だった。高橋荒太郎は、松下電器産業に移る以前は貿易の仕事に携わっていた。為替や金融の制度を松下電器産業の経営に組み入れていった。

松下幸之助あっての事業であり、高橋荒太郎あっての発展だった。

近年、急成長した企業でいえば、グーグルは、ラリー・ペイジとセルゲイ・ブリン。フェイスブックは、マーク・ザッカーバーグ、エドゥアルド・サベリン、アンドリュー・マッコーラム。ソフトバンクグループは、孫正義、宮内謙、笠井和彦。楽天は、三木谷浩史と本城慎之介。サイバーエージェントは、藤田晋、日高祐介。グリーは、田中良和、山岸広太郎、藤本真樹。DeNAは、南場智子、川田尚吾、渡辺雅之。カヤックは、柳澤大輔、貝畑政徳、久場智喜。

成長した企業には必ず経営チームがある。

経営チームの姿を具体的に例えるなら、政府の「**内閣**」のようなものだ。「内閣」は、総理大臣というリーダーがいて、各分野の責任者である大臣がその分野の責任を担っている。ここでいう総理が社長にあたり、大臣が役員にあたる。

一方、CEOのほか、CFO（財務責任者）、CMO（マーケティング責任者）、CSO

（戦略責任者）、ＣＯＯ（執行責任者）、ＣＨＯ（人事責任者）、ＣＩＯ（情報責任者）、という役職を持つ役員がいるから経営チームがある、と考える人もいるかもしれないが、けっして、そうではない。

重要なことは、「役者が揃っていること」ではなく、**「チームとして機能しているかどうか」**である。経営チームは、組織上の上下関係はありながらも、**お互い自分の考えを言い合える間柄**である。それが、チームワークになくてはならないものだ。チームワークがなければ、不可能な仕事は不可能なままで終わる。**チームワークが不可能な仕事を可能にする。**

現実、経営チームがチームとして機能していない会社は、無数の会議が開催されるだけで何も決まらず、いつも同じ問題に追われて停滞している。それに対して、経営チームがチームとして機能している会社は、数々の議案が次々に決定され、常に新しい課題を追いかけ発展している。

ゼネラル・エレクトリック社の経営チーム

ディスカッションは、セミナーと違い、司会者が進行する形式ではなく、質問した人の発言によって進んでいった。

「経営チームは何人くらいがいいですか?」

ゼネラル・エレクトリック社の社長のコーディネーターは、アメリカ以外の同業者からも設備を買ってもよいという考えを持っていた。しかし、事業の運営を担当するバックストンは、海外の同業者の進出は食い止めるべきだという考えから、アメリカ以外の同業者から設備を買うべきでないという考えを持っていた。

このように、経営者間に意見の違いはよくあることだ。経営チームが二人体制の場合、意見の食い違いで口を利かなくなると、トップマネジメントの機能は止まってしまう。しかし、経営チームが三人体制であれば、たとえ二人が口を利かなくても、なんとか機能する。

ドラッカーはそう言って次のように結んだ。

中小企業は、トップは社長一人、その下はほぼ同列の文鎮型の組織だ。経営チームのメンバーは経営者に限ったものではない。社長以外の人間は、経営者でなくてもいい。営業の責任者に入ってもらうもよし、商品を担当する人に加わってもらうもよい。とにかく社長一人でトップマネジメントの仕事をすべて抱え込まないことだ。

経営チームの役割分担

質問が続いた。

「経営チームはどうやって仕事を分担すればいいですか？」

ドラッカーは、「**トップマネジメントの仕事をどう分担するかについては、唯一これが正しいというものがあるわけではない。会社それぞれにそれぞれのやり方がある**」と前置きし、事例を通して次のように答えた。

ゼネラル・エレクトリック社は、一人は事業を担当し、別な一人は組織運営を担当し、もう一人は人材の採用と育成を担当している。経営チームは役割分担を明確にするとともに、運営のルールをつくって進めていかなければならない。

参加者は、ドラッカーが言った運営のルールという言葉が引っかかった。もちろん通訳を通してとらえた言葉である。参加者それぞれが頭に立ったセンサーを引っ込めることができなかった。浮かんだ疑問が時間の経過とともに消えてしまわないうちに、誰もが頭に浮かんだ疑問は質問しておきたかった。すかさず誰かが質問した。その質問は、

「経営チームの運営ルールとは何ですか？」

であった。ドラッカーは、今それを話そうとしていたと言わんばかりに、軽くうなずきながら言葉を続けた。

ゼネラル・エレクトリック社は、その分野を担当する人間が最終決定とするという運営ルールを持ち、それを守っている。管理職の異動と新しい分野への進出については三人の意見が一致しなければ決定できないことになっている。その二つ以外は、それぞれが自分の責任の範囲内で決定できるというルールで運営している。

複数の人間が力を合わせて仕事をするからには、何らかのルールが必要だ。ここでいうルールとは「仕事に制限を加えるもの」ではなく、「仕事を自在にするためのもの」である。言いかえれば、「個々の総和を超えるものを生み出す文化をつくる」ということだ。

組織で起こる内輪もめ

現在、大手企業の会計問題、卓越した技術力を持つ企業の崩壊、そして、突然のトップマネジメントの交代など、思いもよらない出来事は枚挙に暇《いとま》がない。

それらは、一見、性格の違う問題に見えても起きていることには共通点がある。言い方を変えれば、「起こっていることは違う」ように見えても、**「それらを起こしているものは同じ」**である。お家騒動だ。お家騒動は、ご存じの通り、江戸時代に大名家の内紛を指すものとして使われた言葉だ。今日でも企業や政党など内部抗争の代名詞として使われる。平たい言葉で言えば、内輪もめである。その発端は、主権の奪い合い、人事決定の抗争、不当評価に対する怒り、方向性の決定をめぐる意見の食い違いなど、いろいろだ。

一九九〇代以降、企業の不祥事が相次いで発覚したことを背景に、コーポレート・ガバナンスという言葉がメディアに登場するようになった。

コーポレート・ガバナンスとは、

「良くないことが起こらないように努める制度のことで、組織の運営や情報の開示のやり方を確認し、経営者が職務を適切に果たしているか客観的に確認する機能のこと」

である。その制度は、企業にどんな影響を与えているのだろうか。

会社の方向性を左右する重要な意思決定においても、その審議を問う時に多数決で決議されるような風潮が色濃くなっている。まさに、企業のトップマネジメントは委員会になってしまっている。

ミッションが曖昧であれば、そこにごまかしが生まれる。ミッションが共有されていなければ、そこに仲違いが起こる。そして、**ミッションを追究しなければ、挑戦は起こらず、自らの陳腐化を招いてしまう。**

第3話の「社内で潰される新しい試み」で触れた、新しいものを生み出す力が封じられる根源はここにある。歴史ある企業でそんなことが起こっているのはとても悲しい。「力がない」のではなく、「力を使えていない」ことはとても歯がゆい。

意見の不一致

トップマネジメントが重要な意思決定を多数決に委ねていいはずがない。**「満場一致」はつなぎ目が弱かったところが、あとになって必ずほころびとなって現れる。**

ドラッカーは、一九六六年に発刊した『経営者の条件』という著作の中で、意思決定には「意見の不一致」が必要だと言っている。概要は次の通りだ。

ゼネラルモーターズのCEOアルフレッド・スローンは会議で、「この決定に関しては、みんな意見が一致していると思っていいか」と確認し、満場一致の時は、「この決定の結果がどうなるか、もっと理解するための時間が必要だ。よってこの件については異なる見解を引き出して、さらに検討することにする。」そう言って、その場での決定を避けて、決定の期日を敢えて先に延ばした。

成果をあげた企業のトップ、そして、実績をあげたアメリカの大統領、エイブラハム・リンカーン、セオドア・ルーズベルト、フランクリン・ルーズベルト、ハリー・トルーマンはいずれも、「この決定がどんな結果をもたらすか」ということについての理解を深めるために、意見の不一致を生み出していた。

もちろん、トップが他の役員の意見を封じ込めてしまえばそれまでだ。しかし、反対意見が出てこないのは、「社長がそう言っているのだからよしとしよう」「自分には直接関係ない」といった、他人事としてしか考えていない証拠と言える。

重要なことを決めるときは、あとになって予想外の問題に遭遇しないために、「意見の不一致」が必要である。

経営チームの考えはこうして定まる

そもそも、その場にいるすべての人が、異議なく異論なく、考えが一致することはあり得ない。**人間の数だけ意見が違う。役員が一〇人いれば、そこには一〇通りの考えがある。**

どんな組織も、「私の立場に立っていえば私は正しい」「あなたの立場に立っていえばあなたは正しい」。誰も間違ったことは言ってはいない。多かれ少なかれ、それが組織の現実である。

しかし、そのままでは、お互いの考えは交差することなく、会社の考えは定まらない。意見が食い違うのはいいが、いつまでも会社の考えが定まらないのは問題だ。正々堂々と話し合えばいいが、なかには話し合いを避け、見えない所で人の足を引っ張る人もいる。内紛が起こり、派閥が生まれる。経営陣が共通の考えを持った一つのチームにならなければ、事業は必ず停滞する。そうなってからでは遅い。そうならないために必要なのは、真摯な話し合いだ。**人間は理論と感情の両方で自ら動く。人と人を結ぶのは、誠実な話し合いしかない**。人は自ら決めたものでなければ力を発揮しない。ゆえに、上から押し付けるのはなく、内面にあるものを言葉として出力し、それを共有する場が必要だ。一見、非効率に思える「時間をかけた話し合い」は、飛躍的な効率を生み出し、事業の成長を加速させる。

実際、私が企業にトップマネジメントのコンサルティングとして関わる際、経営チームの方々に、「主語をわが社にしましょう」と申し合わせることからスタートする。**主語をわが社にして考え、主語をわが社にして話し合っていけば、たとえ違う考えであっても、やがて考えは交差する。**

何百とあるドラッカーの問いを共有し、数か月、異なる意見を交わすことによって、お互いの考えの範囲が広がり、やがて共通の考えが生まれ、経営チームの考えが定まる。価値ある意見の対立が起こっても、組織を壊す争いは起こらない。派閥も生まれない。

それは指示命令型の組織運営を超えた協力関係を作ることである。時間はかかるが、**意見の不一致を当然のこととする一枚岩の経営チーム**が構築される。労苦は伴うが、事業の低迷を招くよりずっとましだ。

経営力を高める三つのこと

トップマネジメントの仕事は、「全力で動くこと」ではなく、「**適切に働くこと**」だ。ところが、「今月取り組むことはこれだ」「今週仕上げなければならないことはそれだ」「今日やらなければならないことはあれだ」、と考え、毎日忙しい日々を送っている。私がそうだった。

目の前の仕事にどんなに没頭しても、その働きが適切なものでなければ、望ましい結果は得られない。大事なことは「どれだけ労力を費やしたか」ではなく、「**どんな成果を出せたのか**」だ。

駆けずり回った割には、望ましい結果が残らない。私は何度もそんなぬかるみにはまってしまった。そうならないためにどうすればいいのか——。それは、

生み出すべき結果を明らかにすることだ。

それが明確であればあるほど命中確率は高くなる。生み出すべき結果とは、噛み砕いて言えば、「**客観的に考え抜いたうえで一番重要なこと**」だ。特に、会社のトップは、自分のやりたい仕事を選ぶことができ、自分のやりたい仕事に時間を使うことができる。臨機応変に対処し、柔軟に対応していくことは必要だ。しかし、その時その時の思いに身を任せるのではなく、客観的に考え抜いたうえで一番重要な仕事をしなければならない。それは誰からも教わることはできない。自分自身で考え抜き、自分で見つけ出すしかない。

そして、ドラッカーはこう締めくくった。

経営チームの能力を高めるため、常に三つのことに取り組むことをお薦めしたい。

一つ目は、**五年後も繁栄し続けるためにどんなことに取り組んでおく必要があるか、について考え抜き、そのことについて決めておくことだ**。重要なことは、会社によって違う。ある会社にとっては製造費用かもしれない。ある会社にとっては市場の占有率かもしれない。ある会社にとっては新しい分野への新規参入かもしれない。とにかく、会社にとって、重要なことは何かをはっきりさせ、それに取り組んでいくことだ。

二つ目は、**人事について詳細を把握することだ**。具体的には、誰がどんな成果をあげているかだけではなく、誰が強みを生かせているか、誰が強みを生かせていないかをつかんでおくことだ。人は強みを生かせなければ成果をあげられない。一人ひとりが成果をあげなければ、組織は成果をあげられないからだ。

三つ目は、**思ってもみなかった変化を把握することだ**。事業のピンチも事業のチャンスも思ってもみなかった変化からはじまるからだ。

以上、駆け足で、経営者の仕事について話を進めてきた。トップマネジメントの仕事はあまりに大きく、あまりにも複雑過ぎる。中小企業であろうが大手企業であろうが、経営の仕事は一人でやりきれるものではない。だから、経営チームをつくっていかなければならない。

この会場には、大企業の社長もいれば、中小企業の社長もいる。

ドラッカーはそれを気遣って、大企業と中小企業の両面で大事なポイントを話した。

第4話

ドラッカーのセミナー1日目「トップマネジメント」

一九五九年七月一五日　箱根

大企業の経営チームは、決定すること、執行すること、監視することが仕事だ。決定することとは、会社全体に影響を及ぼす重要なことを意思決定するということである。執行することとは、決定したことに基づいて事業を進める仕事であり、監視することとは、経営が適切に行われているかどうかを見張ることである。監視の機能を持たない経営チームは、腐敗していく。

そして、中小企業に対しては、次のように言った。

中小の同族企業は、大企業のようにマネジメントの経験豊かな人がいないために、自分たちの悪い点を正す手が打たれない。中小の同族企業は、経営チームに同意してくれる者でなく、経営チームと違った目でものを見て、違った視点で反対してくれる人が必要である。

人生を変えた出会い

人生を変える出会いとは、意外なところから生まれるものだ。

セミナー終了後、ドラッカーは、出版社に電話をかけていた。もちろん、当時、携帯電話はない。ホテルにある黒電話で電話をかけていた。当時はまともにつながらないこともあった。やっとかかったと思うと、電話は切れた。それが、四〇分も続いた。かけてもかけても、電話は切れた。温厚なドラッカーもさすがに苛立った。

気がつくと、セミナーのあとの懇親会がはじまる時間は過ぎていた。ドラッカーはあきらめて懇親会に遅れて参加し、憮然としながら空いていた席に座った。その席の隣にいたのは、まだ面識のない日本電気（ＮＥＣ）常務取締役の小林宏治だった。

「ご機嫌わるいようですね？　どうかされたのですか？」

ＮＥＣの取締役である小林は、ドラッカーに親しげに話しかけた。二人は意気投合した

第4話

ドラッカーのセミナー1日目「トップマネジメント」

一九五九年七月一五日　箱根

のか、夜が更けるまで語り合った。小林とドラッカーの親交はここからはじまった。

「今日の波が引き潮に変わらない間に明日の波に乗り換えて、事業に新しい生命力を吹き込まなくてはならない。」

小林が、好んでよく口にしていた言葉である。

その言葉はドラッカーが言った、

「マネジメントは、事業に命を吹き込むダイナミックな存在である。そのリーダーシップなくしては、生産資源は資源にとどまり、生産はなされない。彼らの能力と仕事ぶりが、事業の成功さらには事業の存続さえ左右する。」

を思わせる。

小林は、のちにNECの代表取締役社長に就任する。**話の筋道をあとから説明することは簡単だが、将来に向けた展望をはっきりとした言葉で言い表すことは難しい**。将来の展望を描くことは経営者の重要な仕事である。小林は、前任者の功績を継承するだけの人ではなかった。未来に向けて勇気ある改革に挑んでいった。就任直後は、NECの未来の姿を鮮明に描くことが緊急の課題だった。

この当時、社長が決めたことを中間管理職が部下に伝えるというやり方が一般的だった。しかし、すべての決定を一人で行い、命令で組織を動かするやり方こそ危険であると小林は考えた。そして、三つのことを行った。

一、経営チームを編成した。
二、自分たちの会社が社会で果たすべき役割を明確にした。
三、長期的展望に向けて経営チームメンバーの役割を明確に示した。

小林の考える経営チームのキーワードは、分担、信頼、情報だった。小林は、円の中心に自分を置き、円周上にいる役員とともに役割を分担するという組織運営を作り上げた。社長と役員は上下関係を超えた信頼関係でつながり、その信頼関係は意思の疎通によって保たれ、チームからなる経営を築き上げた。人は、彼をＮＥＣの中興の祖と言った。

ある時は、油を差し、ある時はネジを締め、人の気づかないところで、組織を整備し、

第4話
ドラッカーのセミナー1日目「トップマネジメント」
一九五九年七月一五日　箱根

人材を創り上げていく。トップが一人の人間にどれだけ心を砕けるかに組織全体の未来がかかっている。**トップの仕事は、まさに聖業である。**

ドラッカーが小林に与えた影響は大きかった。

冒頭お伝えした、社員三三名を約四〇〇〇〇名に発展させた立石とはじめ、小林らは、目先の売上を追うのではなく、長期的展望に立って、「考え抜くという仕事」を避けることなく、過《あやま》たず手を打っていった。

現在、NECは従業員約一〇万人を擁し、通信機器、鉄道や航空の無線、宇宙通信、パーソナルコンピュータからスーパーコンピュータまでITを主力事業とし、グループ全体で約三兆円を売上げている。

第一日目は無事終了した。

窓の外には、星々が微笑むように、清らかに、また美しく瞬《またた》いていた。新しい日本の未来を開こうとする六〇余名の胸中に灯された情熱の炎は、箱根の深い夜に包まれていった。

まとめ

- すべての決定を一人で行い、命令で組織を動かくのは危険である。
- 現場にできるだけ権限を与え、現場で判断できるようにしなければならない
- 今うまくいっていることも、時が経てば今のやり方は必ずまくいかなくなる。
- 経営者はスケジュールを八〇時間以上入れないようにする。
- 経営者の仕事はあまりに多く、一人の人間でこなせるものではない。
- 経営チームが機能している会社は、常に新しい課題を追いかけ発展している。
- 重要なことを決めるときは、「満場一致」ではなく「意見の不一致」が必要。

第5話

「リーダーの育成」

ドラッカーのセミナー 2日目

一九五九年七月一六日　箱根

企業が抱える人材の悩み

リーダーが育つ企業

「管理部で資料は出せるがマーケティングの視点で事業を分析できる人間がいない……。」

「○○○億の目標にあと一歩のところで達成しない年が数年続いている……。」

「毎年、経営計画を立てているが、社員が相変わらずで良い変化が何も起こらない……。」

「四か月後に、家電事業の部品工場が完成する予定だが工場長がまだ決まらない……。」

「新規事業の部署をつくって責任者を置いたが、新規事業が何も生まれてこない……。」

第5話

ドラッカーのセミナー2日目「リーダーの育成」

一九五九年七月一六日　箱根

これは実際、様々な業種の社長から聞いた言葉だ。

これは、今から五〇年以上前の経営者が抱えていた悩みだった。今もそれは変わらない。事業は次から次へといろいろな課題を背負って社長のところへやってくる。

事業はいま現在成功しなければならないし、同時に新しいものを生み出していかなければならない。そのために必要な人材を採用し、部署に配属させ、育てていかなければならない。

「将来こうなった時に、こんなリーダーが必要だから、今のうちからそのリーダーを育てておこう」

そう考え、あらかじめ手を打てればいいが、なかなかそうはいかない。こうして「体制」を考えるたびに、リーダの不足に悩まされるのが常だ。

役員ともなれば、「すべてにおいてできて当然」とされ、暗黙のうちに教育対象からは外される。自己開発や動機づけは行われない。

その結果、頼みとするのは、ほんのわずかの全社的視点を持つ人たちだけとなり、会社の命運は、「育成の結果として選ばれた人たち」ではなく、「巡り合わせの結果として居合わせる人たち」に委ねられてしまう。

資金に枯渇していても人材がいれば事業は伸びる。しかし、どんなに強い財政基盤があっても人材がいなければ事業はやがて滅びる。結局、事業の存続は、人材の育成、特にリーダーを育成できるかどうかにかかっている。

リーダーを育てるためには、その人が持っている能力を最大限発揮できる環境を作り上げなければならない。

「リーダーを育てること」と**「リーダーが育つ仕組みを作ること」**は違う。リーダーが育つ企業には、人材が育つ仕組みがある。リーダーの育成は、「間違った方向へ失敗しないようにすること」ではなく、**「正しい方向へ失敗できるようにすること」**である。

では、そのために必要なものはいったい何なのか。

日本に来たドラッカーは、二日目のセミナーで日本の経営者に何を言ったのだろうか。

第5話

ドラッカーのセミナー2日目「リーダーの育成」

一九五九年七月一六日　箱根

人は仕事を通して成長する

彼方には、朝霧を払い、まばゆい朝の太陽が昇ろうとしていた。まるでその空は、今日とは違う日本の未来を告げる暁光《ぎょうこう》にも思えた。

一九五九年七月一六日、セミナー二日目。予定通り、九時三〇分からセミナーがはじまった。

二日目のテーマは、リーダーの育成についてだ。

知識や情報を扱う仕事は、アメリカの国税局の調査によると毎年七％増え続けている。一〇年すれば知識や情報を扱う仕事は約二倍になる。知識や情報を扱う仕事が増えるということは、仕事が細分化され、専門化されるということだ。一つひとつの仕事の専門性はますます高まっていく。仕事は複雑になっていく一方だ。経営者の仕事も複雑なものになっていく。若いうちは、技術部に所属し、技術の仕事をするために、技術の勉強をする。

しかし、管理職になったり、経営者になった時に、これまで学んだ技術部の専門分野の見地だけで経営判断するわけにいかなくなる。その時に困るのは本人であり、部下であり、会社である。

リーダーの育成はしていかなければならない。事業全体を推進する力をますます高めていかなければならないからだ。

ドラッカーは、そのような前置きをして、次のように続けた。

リーダーの育成は、言うまでもなく経営チームの仕事だ。経営チームがリーダーの育成に取り組まなければ、その会社は、消え去っていく。そうならないためにも、経営チームはリーダーの育成を自分達の仕事の一つとして取り組まなければならない。

リーダーの育成というと研修を思い浮かべるかもしれないがそうではない。研修に参加させたり、セミナーで学ばせることだけが育成ではない。研修でわかるのは、やり方だけである。

テニスにしても、ルールを覚え、打ち方がわかれば、それでうまくなるというものではない。何度も練習を重ね、いろいろな経験を重ねていく中で、「こうやればうまくいくん

第5話
ドラッカーのセミナー2日目「リーダーの育成」
一九五九年七月一六日　箱根

だな」、「こういう場合はこの点に気をつけなければ」ということを覚えて、できるようになっていく。そうしてはじめて実践の力をしていてくことができる。

マネジメントも同じで、ただ本を読んだり、研修に参加しただけで、できるようになるものではない。現実の仕事で進めていくことによってはじめて成果をあげることができる。

育成という言葉の響きから、教育という言葉が頭に浮かぶ参加者は少なくなかった。また、単に知識を身につけてもらうことや本人の意識を高めることを育成と考えた人もいた。なんであれ、地道な練習を積み重ねてはじめて力を高めていくことができる。言われてみれば、その通りだが、ドラッカーの言葉は参加者の思い込みを絶つものだった。

自社に適した育成プログラムを持つ

リーダーの育成に必要なもの

自分の成長に責任を持つのは本人であって会社ではない。会社ができることはその人の成長に協力することだけである。ドラッカーはそう言って、「なぜ育成が必要か」という話に進んでいった。

――リーダーが育たず困る会社がある。リーダーが育たないということは、会社が人を失望させているということだ。なぜ、人を失望させてしまうのか。それは、何のためかとい

第5話

ドラッカーのセミナー2日目「リーダーの育成」

一九五九年七月一六日　箱根

う使命がないからだ。使命を持たない会社は、どんな手を尽くしても、リーダーを育てることはできない。人は、成し遂げたいと心から思えるものがあれば力を発揮する。だからといって、建前のような使命を暗記させようということではない。リーダーの育成とは、組織の使命をわが使命とする人材をつくることだ。

リーダーの育成については、どの国も試行錯誤している。そして、いろいろな教育機関も試行錯誤しながら、新しいプログラムをつくっている。どんな優れた育成プログラムであっても、たいした成果をあげられていない。その実態は、成果をあげるプログラムがあるかないかではなく、そのプログラムから学ぶ人と学ばない人がいるだけである。私は現在、三つの大手企業でリーダー育成プログラムをつくる手伝いをしている。会社によって将来必要な知識や能力が違ってくるため、リーダー育成プログラムといっても、会社によってまったく違う。共通点はある。プログラムを作成した時点ではよいと考えられたものであっても、時が経てば、改良すべき点が見えてきて、最適だと考えた内容に手を加えていかなければならないということだ。つまり、育成プログラムは一回つくってしまえばそれで終わりというものではないのだ。それがゆえに、リーダーの育成プログラムは、しっかりとした体系的なものでなければならない。そうでなければ、いつまで経っても、つくっては捨て、捨ててはまたつくるという無駄を繰り返すことになってしまう。何度も何度も変更を加えていくことによって、プログラムはどんどんよくなっていくものでなければならない。

続けて、リーダー育成の計画とは、どんな仕事なのかをお話ししたい。会社と幹部の期待が一〇〇%パーセント一致することはまずあり得ない。たとえどんなに会社の理念に合った人と信じてその人を採用したとしても、現実はその人の仕事を見なければ何もわからない。

会社はその人に期待していたが、期待とは違ったということもあれば、熱望して入社した人であっても、その人が期待していた会社と違ったということもある。だから、入社後の教育は体系的に取り組んでいかなければならない。

外部からの採用

会社は生きていかなければならない。リーダーの育成は避けて通れない重要な課題だが、会社は人を育てる教育機関ではない。参加者の中から次のような質問が出た。

「育成するより外部から補充した方が早いのではないでしょうか？」

ドラッカーはこう答えた。

たしかに、一人の新しい人間の影響によって、一気に組織が活性化されることもある。ゆえに組織に新しい風を入れることは重要だ。また、組織にフレッシュな血液を注ぐことによって、組織はたしかに若返る。その必要性は理解できるが、

自分の血液は自分の体でつくることができなければならない。

人間の成長が輸血だけではうまくいかないのと同じだ。外部からリーダーを採用すると

いうのは、輸血と同じような危険を伴う。天才と評価され、期待されて入社した人であっても、半年も経てば能力がなかったことに気づき、害になることはよく耳にする話だ。そんな現実を考えれば、**社内でリーダーを育成するという方法が一番の近道と言える。**

第二次世界大戦以前は、どの企業もリーダーの育成についてはまったく考えていなかった。大学でも、リーダーの講座を行っていたのは、マサチューセッツ工科大学とシカゴ大学だけだった。現在（セミナー当時）は、約五〇の大学が、三週間から一年間にわたって様々な講座を持ち、リーダーの教育を行っている。また、今日では多くの教育機関がいろいろなリーダー育成プログラムを持っている。

今リーダーが活躍しているとすれば、これまでリーダーを育成してきた結果であり、今リーダーが枯渇しているとすれば、それはリーダーの育成を怠ってきた結果と言えるかもしれない。

すべては人で決まる。会社の未来は、今どんな育成をしているかで決まる。ゆえにリーダーは、労力と時間を費やして育てていかなければならない。将来にわたって会社を繁栄させていくために、自社に合ったリーダー育成プログラムを持つことをおすすめしたい。

第5話
ドラッカーのセミナー2日目「リーダーの育成」
一九五九年七月一六日　箱根

成果をあげる人に共通する五つのこと

一・何をやるべきかを考える

「優秀ではないが成果をあげる人」と「優秀であるにもかかわらず成果をあげない人」がいる。

成果をあげる人と成果をあげない人の違いを見つけ出そうと、リーダーの立場にある人の行動をすっと見てきた。

ドラッカーは、そんな自身の経験を紹介し、次のように言った。

1959年7月15日　箱根の富士屋ホテル
（写真提供：一般社団法人日本経営協会）

成果をあげるのに特別なものは何もない。才能があっても、その才能を発揮しなければ成果をあげることはできない。才能がなくても自分の能力を発揮する方法を見いだせば、成果をあげられる。成果をあげる能力は誰でも学び取れる。掛け算の九九の覚え方と同じやり方で身につけることができる。

会食の場で会社の重要な方向性について結論を出してしまう人がいる。出版社との話し合いで、教育書の市場が拡大していると聞くと、すぐに教育の市場に力を入れるべきだと考えてしまう人がいる。

また、製紙事業の担当者と話をしていて、製紙機械への投資は回転率が悪いと聞くと、製紙分野以外に力を入れるべきだ、という考えに傾いてしまう人がいる。

さらには、製薬会社の人との話し合いから、一般商

第5話
ドラッカーのセミナー2日目「リーダーの育成」
一九五九年七月一六日　箱根

品よりも特定の商品に限って力を入れていくべきだという名案が浮かぶ。五年後の状態を見てみると、どの企業もその方向には発展していない。これは、考えているというよりも〝ただの思いつき〟に過ぎない。夜遅くまで仕事をし、仕事を持ち帰る人もいる。しかし、会社では重要な決定は放置されたままとなっている。一週間で済むはずの仕事を数週間も引きずっていたり、新商品の企画が決まり市場があるにもかかわらず、なかなか生産に移さないといったことも見てきた。

マネジメントの本には、自分をマネジメントすることには触れずに、部下をマネジメントすることが経営のすべてであるかのように書かれている。**自分をマネジメントできない人が部下をマネジメントできるはずがない**。部下の仕事をマネジメントする能力は、自分の仕事をマネジメントする能力にかかっている。リーダーの仕事は、部下の仕事をマネジメントすることがすべてでもないし、一番重要な仕事でもない。**リーダーの一番重要な仕事は、自分をマネジメントすることである。**成果をあげるための第一のルールは、自分をマネジメントすることだ。事実、優れたリー

ダーは、自分をマネジメントすることに力を使っている。部下については、深く配慮しているだけである。

ドラッカーは、そう説明したうえで、参加者に「何をすれば自分をマネジメントしていると言えるか」と問いかけたあと、こう言った。

自分にとって最も重要な仕事は何かということを徹底的に考え抜くことである。部下をマネジメントしようとするあまり、部下の欠点や部下の気持ちにとらわれ過ぎて、最も重要な仕事がおろそかになっている。リーダーは考えることが仕事である。これは当たり前過ぎることなので、かえって気づけない。

二、結果から仕事を決める

ドラッカーの話は常に現実的だ。自分の経験を話してくれる。成果をあげる人は方法論を聞いてこない。得たい結果について確認してくる。

結果を明らかにしてから方法を考える。求められている結果を出すために、自分が最大限できることは何かと考える。組織全体に向けられた自分の役目を考え、それを決める。

ドラッカーは起こっている現実から汲み取った教訓を紹介し、結果から考える重要性を参加者に諭した.

数週間前、私はある人と話をしていた。その人は会社から転職を勧められ、悩んでいた。その人は、ある保険会社で商品のシステムを統括する責任者だった。会社からこれまでの仕事とは違う大きな仕事を任された。しかし、その人はこれまで行っていた商品のシステムの仕事に没頭していた。

後日、私はその保険会社の社長と副社長と話をする機会があった。社長と副社長は、その人には、長期的計画の立案を担当する幹部として期待をしていた。社長と副社長は、期待していることを何度もその人に伝えたという。にもかかわらず、その人は社長と副社長の言葉の重みに気がつかず、自分が慣れていた仕事に没頭するだけだった。もちろん、その人は自分がどんな間違いをしたか想像もつかなかった。もし、その人が、

「自分にどんな結果が求められているか」

ということを考え抜いていたら、そんな結果になっていなかったに違いない。そう思うと、今でも残念でならない。滑稽な話に聞こえるかもしれないが、よくあることだ。その人は経営者ではないが、経営者は常にその人と同じ間違いをしている。

仕事は結果から考えなければならない。経営者は間違ったことをしていても指摘してくれる人はいない。

経営者は自分が果たすべき役目を客観的に考え抜かなければならない。

三、仕事に追われない方法で仕事を進める

すべてのリーダーが、時間を無駄なく使っていると思っている。時間を無駄に使っていると思っているリーダーは一人もいない。しかし、時間を無駄にしていないリーダーはほとんどいない。

特に、経営者は、部下から、取引先から、経理の担当者から、時間をくださいという依頼が絶えない。自分でなくても解決できる問題に引きずり込まれ、仕事ではない仕事に追われ、自分の仕事に手がつかないまま、時間が過ぎていく。

経営者は、自分の時間がどこでどのようにしてなくなっているか見当もつかない。時間をどう使ったかを正確には思い出すこともできない。

時間は保存しておくことはできない。時間は過ぎてしまえば戻ってこない。**経営者にとって一番大切なものが時間である。**

成果をあげていない人は、時間は保存できるかのように振る舞う。時間は過ぎても戻す

ことができるかのように働く。

成果をあげる人は、どうすれば、限られた時間を最も価値あることに使うことができるかを考えている。ドラッカーは、リーダーの職に就く人の現実を示し、参加者に次のことを勧めた。

時間を何にどれだけ使ったか三週間ほど秘書に記録をとらせることだ。

そうすれば、自分の時間の使い方に驚くはずだ。

「私もこれを行っている。私自身、その結果を見るたびに驚いている。スケジュールを立て、そのスケジュールにしたがって動いていると信じていても、かなりの時間を無駄にしている。」

私は、コンサルティングという仕事を通して、

「経営者は時間の半分以上をスケジュールに入れてしまうと行き詰まる」

ということを見つけた。経営者はスケジュールに入れる予定の量は半分くらいにとどめておかなければならない。あとの半分は空けておかなければならない。あとの半分は必ず

埋まる。

四、何に全力を尽くすかをはっきりさせる

ドラッカーはやさしい。口調もやさしい。しかし、その話の内容は時に厳しい。時には、その人が成果をあげるために耳の痛いことも言ってくれる人だった。厳しいことをたんたんと語っていた。要約するとこうだ。

成果をあげていない人ほど、あれもこれもやっている。知りたいからというだけで、部下の仕事までに首を突っ込み、部下の仕事を引っ掻き回している。それが自分の忙しさとなって返ってくる。必死に働いているにもかかわらず、何の結果も生まれない。実際、そのような人は多い。では、成果をあげる人はどうやっているのか。

ドラッカーはこう言った。

成果をあげる人は多くの仕事をしていない。多くの仕事の中から、自分が本当にやるべき仕事を選び取っている。言い方を変えれば、何から手をつけて、何を後回しにするかをはっきりさせている。そうしなければ、自分はいったい何をやっているかわからなくなってしまう。

一言で言えば集中だ。集中とは、何に全力を尽くすかはっきりさせることだ。それをはっきりさせることはまだ楽だ。しかし、何に一番労力を注げばいいかを明らかにすることとは、やらないことを決めるということだ。

それは、勇気と苦痛を伴う。成果をあげる人は、勇気と苦痛を伴う決断から逃げない。経営者の高い報酬は、苦痛ではあるが必要な決定を下すために支払われている。

成果をあげる人と成果をあげていない人の違いは、

事業全体の成果から自分の仕事を考えるかどうかだ。

事業全体の成果から自分がやるべき仕事をはっきりさせてはじめて、自分でできる仕事と他の人にお願いしなければならないことが見えてくる。

決めたことをやろうとすると、思った以上に仕事の量があり、思った以上に時間がかかり、思った以上の悩みが伴う。事業全体の成果を考えないまま、自分の仕事だけを考えてしまうと、他の人にお願いしなければならないことまで自分でやってしまい、かえって混乱を招くことは多い。

ドラッカーは続けた。


成果をあげていない人が能力がないというわけではない。**成果をあげていない人は、決めなければならないことを避けているだけだ。**

決めなければならないこととは優先順位である。優先順位をはっきりさせることが難しいのではなく、優先順位をはっきりさせることはいやなものだし、いやがられるものだ。それを避けるか避けないかだけの違いだ。

どんな会社も、重要事項のリストに書かれているものをすべて行うことはできない。**やるべき仕事の量は、常に今いる人間ができる量を超えているからだ。**

——実際に、優先順位をはっきりさせると、リストの下の方に書かれた仕事は延期になる。現実、あきらめなければならないのが実情だ。つまり、**優先順位をはっきりさせることは、先にあきらめなければならない仕事をはっきりさせるということだ。**

五、人の優れた点を生かす

ドラッカーが、コンサルティング先の会社の食堂で昼食をとっていた時のことだった。偶然、経営者の会話が聞こえてきた。その会話は、部下の至らない点についてだった。ドラッカーは、この人たちと仕事をするのはよそう、そう思った。ここでも、自分の体験を紹介しつつ、次のように言った。

——人の短所を挙げたところで何もはじまらない。人は、長所を生かして初めて成果をあげることができる。多くの会社が行っている評価は、ただ人の欠点を挙げているだけだ。

第5話

ドラッカーのセミナー2日目「リーダーの育成」

一九五九年七月一六日　箱根

ある銀行の頭取は、幹部一二五名の名前が書かれた組織図を常に持ち歩いていた。その組織図を見せてもらうと、一人ひとりの名前と一緒に一人ひとりの優れている点が書かれていた。私は頭取に、

「なぜその組織図には人の短所は書かれていないのですか？」

とあえて聞いてみた。頭取は

「欠点はみんなが言ってくるから、その人の優れているところさえ知っていればいい」

と答えた。これが成果をあげる人のやり方だ。成果をあげる人は、人の欠点を取り上げない。人の欠点に目を塞いでいるということではない。成果をあげようと思えば、人の優れている点を生かすしかない。**本来、組織の目的は、人の優れている点を発揮するためにある。**

第1話の冒頭で、かつて人間は狩りで生活をしていたことを述べた。言うまでもなく、狩りとは動物を襲うことである。生きるために、動物を襲って食糧を確保していた時代は、動物に勝つために、その動物の弱点を知らなければならなかった。それは人間の生きる知恵であり、本能でもあった。それが何万年にもわたってＤＮＡに印刷され、今もなお私たちにそれが残っている。

その本能が、「人の弱点を見つける」という意識をもたらす。本能には逆らえない。だから、**意思を持ってその人の優れた所を見つけ出さなければならない**。成果をあげる人は、他の人の力を借りるために、意思を持ってその人の優れた所を見つけ出す。

実際に、お互いに欠点を探し合っているような組織と、お互いに優れた点を生かし合っている組織がある。成果をあげ、発展しているのは後者だ。

第5話
ドラッカーのセミナー2日目「リーダーの育成」
一九五九年七月一六日　箱根

経営幹部の意識を高めるには

会社全体に対する貢献度合い

参加者の一人からこんな質問が挙がった。

「会社全体を考えることができない経営幹部はどうしたらいいですか?」

今日のようなセミナーをやった時に、参加者から同じ質問が出た。

「うちの会社のトップに経理出身の経営幹部がいる。その人は自分の分野にとらわれ、会

社全体を見る視点に欠いているため困っているが、どうしたらいいか?」

そんな質問だった。これはよく耳にするトップの悩みだ。ある部門に所属してその部門の仕事をしてきた人が、ある日トップマネジメントに昇進したとしても、なかなか自分の専門分野を離れて会社全体の視点に立って考えることはできないのが現実だ。アメリカのある紡績会社の社長から、

「うちの幹部は経営に対する意識が低くて困っている。幹部の意識を高めるのはどうすればいいですか?」

と聞かれたことがある。また、社員もこんなことで悩んでいた。

「うちの取締役は、一日中お客様のところに出かけたっきり帰ってこない。社内ではいろいろな問題があって、その取締役を頼りにしたいのに、会社にいないので困っている。何とかならないのか?」

第5話
ドラッカーのセミナー2日目「リーダーの育成」
一九五九年七月一六日　箱根

社員の悩みは、会社の規模によって違う。**大手企業は、社長はいても経営者がいない。中堅企業は、経営陣があっても経営がない。中小企業は、社長はいても出張でいない。**会社全体に責任を持つ経営者が、会社全体の視点に立たなければ、経営はおかしくなっていく。経営幹部に会社全体の視点を持ってもらうためにどうすればいいのだろうか。

ドラッカーは質問に対して、次のように事例で答えた。

経営者は、もちろん従業員と同じ基準で評価されない。とはいえ、仕事の成果は必ず問われる。

経営者の評価基準を、会社全体に対する貢献度合いにすることだ。そうすることによって、その人は自分の分野から離れた視点で会社を見るようになる。少なくとも、会社全体に向けられた成果に注意を向けさせることはできる。

また、質問を投げかけてみることだ。たとえば、品質管理の技術者出身の経営幹部に、「会社に対してどんな成果をあげようとしているか、あなたの考えを聞かせてほしい」ということを聞いてみることによって、会社全体に対する貢献に考えの焦点を合わせてもらうように促すことも一つの方法だ。

もう一つの方法は、経営陣を支援する経営企画部の責任者を経験してもらうこともよい。その人は自分の分野に溺れることなく、会社全体の仕事に目を向けざるを得なくなる。それはその人にとっていい経験になる。

さらにもう一つ、社外で経営を学ばせることだ。専門化された技術者出身の人であっても、外部の経営者と関わりを持つことによって、様々な角度から刺激を受けて、より大きな視点で会社のことについて考えるようになってくれる。

その人の成長に手を貸す

「樹木を人が育てたためしはない。樹木は自分自身の力で育っていくものだ」

第5話
ドラッカーのセミナー2日目「リーダーの育成」
一九五九年七月一六日　箱根

これは、イギリスのことわざだ。人がどんなに樹木を育てようと、桃は桃として、桜は桜として、育っていく。しかし、人間は、樹木の成長を助けることができる。また、樹木の成長に変化を加えることもできるし、樹木の成長を止めてしまうことも、枯らせてしまうこともできる。会社は、人間の成長に手を貸すこともできるし、人間の成長に変化を加えることもできる。また、人間の成長を止めてしまうことも、枯らせてしまうこともできる。人間に刺激を与えることも、意欲を与えることもできる。

人間は、自分の意思と努力で成長するのであって、会社が人間を成長させるわけではない。会社ができることは、成長したいという本人に力を貸すことだけだ。育成とは、その人が持っているものをどう発展させるかに尽きる。人を育成するにはどうすればいいか。

ドラッカーはそう言って、次のように続けた。

あんな仕事がしてみたいという意欲を掻き立てることだ。大きな責任と大きな権限を与えることである。どんなに頭の回転が速く、賢い人間であっても、本人があんな仕事がしてみたいという意欲がないのに、大きな責任と大きな権限を与えても無駄である。失

敗に終わる。

育成の出発点は、強みからはじまる。弱みからではない。したがって、三つのことを明らかにしなければならない。

一、その人ができることは何か
二、その人の優れている点は何か
三、その人の優れている点をさらに磨くために何をさせるべきか

私たちは無意識に、自分の頭の中にこうあるべきだという理想的な基準をつくってしまう。そして、その観念の物差しに人間を合わせようとする。

ところが、現実が理想や観念の尺度に、きちんと合うことはあり得ない。すると、ここが悪い、あそこがダメだということになり、勝手な失望が重なって、不平や不満だらけになってしまう。それは、桜の木を基準に梅の木を見て、おかしいと落胆しているようなものだ。従業員一人ひとりを一個の人間と認めて、丹念に手をかけ、力を注ぎ、全精魂を傾けてこそ人は育っていくものだ。こうでなければならないという、頭の中で勝手

—につくり上げた基準に支配されずに、もっと客観的に人間を見る努力をすべきだ。

人事について

経営者が行う意思決定の中で一番重要なものが人事である。なぜなら、**人事で成功する経営者は会社を発展させ、人事で失敗する経営者は会社を衰退させてしまう**からだ。人事はトップの頭の中だけで考えられる。あるいは、本人のいない密室で行われる。人事は、あとで結果を聞かされるという極めてデリケートなものだ。

事業といっても、すべては人を通じて進められている。たとえ優れた経営政策を打ち立て、適切な戦略を持って事業を進めたとしても、人事を誤れば、すべて台無しだ。

ドラッカーの講義は続いた。

—人間は、古くから大切な考えを伝え残そうとしてきた。その一つがおとぎ話だ。どんな国にも必ずおとぎ話がある。おとぎ話で一番多い物語が、願いが叶うという話だ。主人公が、華やかな幸せを求めて旅に出かける。旅の中で神と出会い自分の望んでいることを叶えてもらう。ところが叶ったその現実にがっかりして、主人公はもとの平凡な生活に戻り、本人はもとの平凡な生活に喜びを感じるようになる。私は、長い歳月を通じて語り継がれてきたおとぎ話の中に、人間の深い知恵を感じる。物事を正しく考えるヒントが隠されている。ようするに、それを望んでいても、本当にそれを望んでいるかどうかわからないということだ。そんな伝え残されてきた視点で、人事について考えてみよう。

会社は、人間に仕事を与えることができる。人間は会社に成果をもたらすことができる。人事とは、その人が望まない仕事を強制的にさせることではない。その人が望むものを与えるということだ。従業員が、口にする望みは、地位かもしれない、立場かもしれない、また、報酬かもしれない。もちろんそれらは極めて大事なものだ。従業員が本当に望んでいるものは、地位や立場なのかというと、けっしてそうではない場合が多い。

働く人が本当に望んでいるものは、仕事を通して得る、人生を生きている実感であり、自分の人生にいい意味を加えられる何かだ。

その一方で、経営者は、人の願いを何でもかなえてやれる神ではない。できることとできないことの両方を持ち合わせた生身の人間だ。そして、従業員はおとぎ話に登場する主人公でもない。従業員も望むものがすべて手に入るとは思ってはいない。従業員も自分に与えられるものは、自分の能力や成果に応じて得られるということを十分理解している。生身の人間である経営者が、働く人間に何が提供できるのか、という視点を忘れてはならない。**人事で一番大事なこととは、その人が自分の人生にいい意味を加えてもらうために何ができるか、という視点で考え、決めていくことだ。**

「当社には、資本主義ならぬ人本主義のような文化があります。事業を立ち上げる理由のほとんどは、その人がやりたいと言ったから、あるいは、その人がいるから。異動も、原則、本人の希望に基づくもので、ある日突然、人事異動と上から命令を押し付けるようなことはしません。人をやる気にさせ、人を生かすことによって会社を伸ばそうという大前提に立って経営しているからです。」

こう語るのは、株式会社サイバーエージェントの代表取締役社長藤田晋だ。

できるかぎり、本人を生かすという考えに、今日の経営のあるべき姿が垣間見える。

誤解があってはいけないので補足したい。藤田社長の言葉は、「本人の考えを尊重するということ」であって「人の希望を何でも聞き入れるということ」ではない。人を生かす文化をつくられたことを、私はリスペクトしたいだけである。

社員の努力を評価すべきか

「製品に使う部品の調達は彼が一番できるんだが、先日お客様との会食の対応はまったく話にならなかった。彼は机に向かって細かな仕事はできるが、人間が相手となると全然ダメだ。」

これは、参加者同士の会話だ。人は生まれて、幼稚園、あるいは小学校で、他者の物差しで評価される世界に入る。環境は人間の習慣をつくる。他者に評価されるという環境は、他者を評価するという習慣をつくり出す。そして、人はいつの間にか、人を評価するようになる。「この人はこういう人だ」「あの人はこういう人だ」「この人はここが足りない」「あの人はここがよくない」といった具合に。

「努力を評価すべきですか?」

という質問にドラッカーは次のように答えた。

努力は必要だが、努力さえすればいいというわけにはいかない。顧客が買ってくれるのは「努力にとどまった労力」ではなく、**「努力によって生まれた貢献」**だからである。

努力とは、新しい仕事を新しいやり方で行う一つの挑戦である。仕事の結果だけでなく、そこに払われた努力を認めることが重要であることは言うまでもない。努力したが成果が上がらなかったのは、その努力を成果に結び付けるための何かが足りなかったということだ。

新しいやり方を見つけ出すためには、日常のありきたりな話題を取り上げず、現場から、いつもと変わったこと、珍しいことを聞き出すことだ。技術的な団体や、研究機関、大学なども、新しいアイデアの出どころである。ある企業はこんなことをしている。社員をハーバード大学のビジネススクールに送り、マネジメントコースに参加させている。これは、社員を育成するためではなく、講義に出席した同僚の話に新しいこと、珍しいことがあれば報告させることを目的としている。

新しい仕事に新しいやり方で挑戦しようと考えても、それを潰すのはたいてい組織の方だ。組織には二種類の癖がある。

一つは、新しいアイデアに必ずダメ出しをして取り下げる組織。もう一つは、新しいアイデアが決まっても、管理職がそれを実行しない組織。どちらも、新しい仕事を新しいやり方で挑戦しようと考える人間は嫌気がさしてしまう。そして、事業は伸びなくなる。**伸びている会社は、新しいアイデアを組織的に吸い上げている。**そして、その新しいアイデアを組織的に活かすように取り組んでいる。知恵を持っているのは現場である。**トップマネジメントができることは、現場の知恵を生かすことである。**ゆえに、トップマ

第5話
ドラッカーのセミナー2日目「リーダーの育成」

一九五九年七月一六日　箱根

――ネジメントは、現場から新しいアイデアを出してもらわなければならない。

努力を評価すべきかについては、上司が新しい仕事を新しいやり方で行う挑戦を部下に許していることが前提である。

これまでと同じ仕事を、これまでと同じようにやることを強いておきながら、これまでと違う成果をあげろ、と言う方がおかしい。

新しい仕事を新しいやり方で行う挑戦を許していれば、その努力は評価すべきだろう。しかし、これまでと同じ仕事を、これまでと同じようにやっていることを評価することはできない。

評価とは、その人の価値を決めることではない。評価の目的は、本人にさらに最善を尽くそうと思ってもらうことにある。ゆえに、社員に対する評価は、その人に自発的に仕事の改善を促すものでなければならない。評価において、はっきりさせるべきことは、その人の優れている点を成果に結び付けるために何をするかだ。

事業継承、トップの継承

経営幹部に必要な四つのスキル

経営幹部に必要不可欠なスキルは四つある。もちろん四つのスキルがあればいいということではなく、際立って代表的なものを挙げてみよう。

一、意思疎通のスキル

組織は、いろんな人がそこにいるだけではなく、いろんな考え方がうごめいている生態系だ。一方通行では、仕事がスムーズに進まなくなってしまう。

第5話

ドラッカーのセミナー2日目「リーダーの育成」

一九五九年七月一六日　箱根

組織で起こる問題のほとんどは、事前に話し合いがあれば起こらない。決めつけや思い込みで仕事を進めてしまえば、誤解、不信、怒り、悲しみが生まれ、人間関係は破壊され、それが仕事の不具合につながっていく。ゆえに、経営幹部に求められる第一のスキルは「意思疎通のスキル」だ。

二、全体を把握するスキル

組織全体を見ずに、組織のある一部分だけを見て、物事を判断してしまうようなことがあれば、組織のどこかに不具合が出てきてしまう。組織の中で進められている一つひとつの**仕事は、適切に配列されて初めてスムーズに進む。**組織を円滑に運営するために必要なのは、全体を全体として見通す力、すなわち、全体を把握するスキルだ。

三、物事を客観的に理解するスキル

組織は様々な機能があって成り立つ複合体と言える。一人の都合だけで、また**一つの部署だけで進められる仕事などない。**事業を成功に導くためには、いろいろな視点から検証された判断、行動、方法を見い出していかなければならない。ゆえに、経営幹部に求められるものが、物事を客観的に理解するスキルだ。

四、適切な考えをつくり出すスキル

組織は、押せば動く工作機械の寄せ集めではない。自分の意思で動く人間の集まりだ。論理的な思考だけを頼みとすることは極めて危険である。**現実の世界は論理的に動いているわけではない**からだ。もとより、経営に一つの正解などない。ゆえに、経営幹部に求められるものは適切な考えをつくり出すスキルだ。

ここで伝えたものは、知ったからといってできるようになるものではない。仕事を通して初めて、身につけていくことができるものだ。リーダーの育成とは、そのような鍛えの場を与えていかなければならない。

そこにいた参加者はこのように思った。ドラッカーがこうして語るということは、みんな同じような課題を抱えているのかと。参加者は、まさにわが社に必要なものだ、まさに今の自分に必要だ、まさにうちの経営幹部に必要だ、とそれぞれに思うところがあった。

第5話
ドラッカーのセミナー2日目「リーダーの育成」
一九五九年七月一六日　箱根

本人自ら学び取るもの

経営者の悩みと言えば、そのほとんどが人に関することであることは昔から変わらない。それほどリーダーの育成は会社にとって切実な課題だ。リーダーの育成とは、会社が進もうとする方向へその人を方向づけていくことだ。その人を変えることではない。したがって、**リーダー育成は、人事部門といった特定の部門に委ねる仕事ではない。**参加者の一人ひとりは、経営者として、日々リーダーの成長を気にかけている人たちだ。リーダーの育成にかなりのエネルギーを注いでいる。他の会社ではリーダーの育成をどのように行っているのか。それは、参加者全員に共通する大きな関心事だった。

参加者からこんな質問が出た。

「リーダーの育成について大事なことは何ですか?」

ドラッカーはこの時、リーダーの育成に大事なことを二つの観点から説明した。

一つは、一人ひとりの強みを把握することだ。

以前、経営幹部向けのセミナーをやった時、セミナー参加者の方に部下一人ひとりの強みと弱みを挙げてもらった。その会場で、強みと弱みの内容をグルーピングした。すると、強みと弱みは四つに分かれた。それを紹介したい。

強み

一、目先にとらわれず、将来を考えて計画を立てること。

二、上司の考えを理解し、行動をとること。

三、取り組んだことはやり抜くこと。

四、仕事を完全に任せられること。

弱み

一、会社全体の視点を持たず、自分の仕事の範囲内でものを考えること。

二、会社への貢献を考えず、会社への要求ばかりにとらわれていること。

三、判断基準が、正しいか正しくないかではなく他者の評価になっていること。

四、失敗を隠すため、取り返しのつかない事態を引き起こしてしまうこと。

集約されたこの四つの欠点のうち三番目のもの以外は、正すことができる。しかし、三番目の習癖だけは不治の病だ。この欠点を持った人材は、「君はいい男だ！」と言って、他の会社に行ってもらった方がよい。

リーダーの育成でもう一つ大事なことは、本人に学んでもらうことだ。リーダーの育成は、とかく教えることに主眼が置かれるが、育成の根本は本人に学んでもらうことにある。他者から教わるのではなく自ら課題に取り組む中に成長がある。課題を上から押しつけても無駄だ。課題は自分が見つけてこそ課題なのだ。自分で見つけた課題でなければ、本人に当事者意識を持ってもらうことはできない。ぜひ、次のことに取り組ませてあげてほしい。

ドラッカーの言葉を通訳が黒板に書いていった。

一、何を行ったか
二、成果があがったことは何か
三、思ったように成果があがらなかったことは何か
四、なぜ、うまくいったのか
五、なぜ、うまくいかなかったのか
六、そのことから何か学べることはあるか
七、今後どのように進めるか

というように、うまくいったり、うまくいかなかったりする現実の中から自ら学び取ってもらうことを仕事に組み込まなければならない。一週間に一回でもよい。一か月に一回でもよい、いま言ったことを取り組ませてあげてほしい。

ドラッカーは、リーダーを育成するにあたってリーダーの心の持ち方をについて付け加えた。自分が成長していない時に、リーダーを育てようとすれば苦しくなる。自分の限界が、そのまま部下に投影されてしまうからだ。その限界を見せつけられるのは誰だって辛

い。しかし、映し出されたその映像は、自分の姿が反映されたものであるとはなかなかわからない。

自分が成長せずに、人を成長させることなどできない。得たい結果を手に入れるために、その過程を楽しむのが仕事だ。楽しむとは楽をすることではない。それは、持てる力以上の力を発揮することによって自分が成長することだ。

リーダーの育成にあって絶対に必要なことは、まず自分が成長することだ。

社長の選任

優秀になりさえすれば昇進できると考えてしまう。しかし、現実はそうではない。昇進は、**上司の考える「デキる部下」のイメージに合っているか**どうかで決まる。トップの選出も例外ではない。優秀だからトップを任せるというわけにもいかないし、優秀であるからという理由だけでトップに選ばれるわけでもない。

ドラッカーは、一九四六年に、『Concept of the Corporation』という著作を発表している。この当時、その本はまだ日本で刊行されておらず、その本を知る参加者は少なかった。ドラッカーは、その著作の中でこう言っている。

自らのマネジメントに天才やスーパーマンを必要とするようであっては、いかなる組織といえども存続はできない。ごく平均的な人間によるリーダーシップで十分なように組織されていなければならない。したがって、いかなる組織といえどもワンマンであったのでは存続しえない。そのワンマンが世を去れば存続が危殆に瀕する。

もし納得しうる継承のルールが確立していないならば、組織全体の利益を図るよりも、空くはずの王位に近い場所を得ることを重視するようになる。そのため派閥が生まれる。しかもワンマンのもとにあったのでは、自立したリーダーシップのための訓練と試練の機会を与えられたことのある者は一人もいない。そのような組織の将来は、しかるべき試練を経た者が選ばれることによって保証されることがない。単にリーダーとして望ましい者が権力争いに勝ってくれることを望みうるだけとなる。

第5話

ドラッカーのセミナー2日目「リーダーの育成」

一九五九年七月一六日　箱根

この危険を避けるには、納得しうる半自動的な継承のルールが必要である。指揮を執ることになる者が誰であり、なぜであるかを明らかにするルールが必要である。つまり、いかなる人たちから、いかなる基準で、誰によって選ばれるかを明らかにするルールである。そもそも組織とは、人の長所を生かし短所を補うべきものである。天才やスーパーマンなしでやっていけるべきものであり、信頼できるリーダーを確実に生み出していくべきものである。

さらに、こう言っている。

組織は、やがてトップの責任を担うべき者を育成しなければならない。しかもトップの継承が納得しうる基準によって行われ、抗争、不正、贔屓によって行われることのないようにしなければならない。そのためには、将来性ある若い者を、指揮を執ることのできる地位につけなければならない。失敗しても組織全体に大きな害を与えることのない小さな部門のトップの地位につけることができなければならない。たとえ補佐役として優秀であっても、リーダーとしての力が試されたことのない者をリーダーにするほど危険なことはない。

トップの職に就ける前に、トップの仕事をなんらかの形で疑似的に経験させておかなければならない、ということだ。

たとえ優れた仕事ができる人であっても、優れたトップになるとは限らない。長年、トップの補佐をしてきただけでは不十分だ。トップに就く人間は、一つの事業の責任者として失敗と成功の両方の経験を持った人でなければならない。

その本は、のちに『企業とは何か』として和訳された。この時、ドラッカーは、社長の選任に関する質問についてこう答えている。

アメリカは、理に適ったやり方をしていると思うかもしれないが、そんなことはない。引退を控えた社長は、実力のある役員に相談したうえで、適任と目された後任を決めている。時には、社内政治によって社長が選任されることもある。

アメリカには、次のようなルールがある。それを守ることによって、取り返しのつかない失敗を防ぎ、適した人間を選出することができる。

第5話

ドラッカーのセミナー2日目「リーダーの育成」

一九五九年七月一六日　箱根

一、引退する社長は、後任を推薦できるが任命権は持たないこと。
二、推薦は、二名挙げること。

また、アメリカでは、同族が二代以上続く場合、次のことがルールになっている。

一、不適切な人間は役員に置かない。
二、能力のない同族は役員に置かない。

ゼネラル・エレクトリックは、リーダー育成の模範の一つとして注目されている。一九九三年、当時のCEOジャック・ウェルチは、二二万五〇〇〇人の従業員の中から、二二名を自分の後継者として選んだ。ウェルチは、その後継者候補を三つに分けた。CEOに選ばれる可能性の高い者が四名、次に選ばれる可能性の高い者が六名、選ばれないであろう者は一二名だった。

それから七年の歳月をかけて、後継者候補を三名に絞り込んだ。最終的に次のCEOに選ばれたのは、選ばれないであろう者一二名のうちの一人、四四歳のジェフ・イメルトだった。

社長の選任とは、「人間の選択」ではなく「**リーダーの育成**」である。**かなりの時間を使って取り組まなければならない**極めて重要な仕事である。

時として、上司は部下を一人の人間として見ることを忘れてしまう。部下も、上司を責任を持った一人の人間ではなく、一つの肩書きを持った人としか見れなくなってしまう。人間を離れて仕事はない。仕事と言っても人間関係で決まる。

組織はよい人間関係をつくることが目的ではないが、よい人間関係がなければ優れた仕事は生まれない。では、よい人間関係とはいったい何だろうか。次の章、第6話「組織の人間関係」でお伝えしたい。

まとめ

- リーダーの育成とは組織の使命をわが使命とする人材をつくること。
- すべて人で決まる。会社の将来は今どんな育成をしているかで決まる。
- 人材育成とはその人が持っているものをどう発展させるかに尽きる。
- お互い優れた点を活かし合っている組織は、成果をあげ発展している。
- 意思をもってその人も優れた所を見つけ出さなければならない。
- 上司が不誠実であれば組織は腐り、上司が誠実であれば組織は活性する。
- 社長の選任は、「人間の選択」ではなく「リーダーの育成」である。

第6話

ドラッカーのセミナー 3日目

「組織の人間関係」

一九五九年七月一七日　箱根

ささいなことで人間関係は悪くなる

本来生まれる成果が生まれなくなる

「言っていることはもっともだけど、あのものの言い方は腹が立つ……。」

「営業部と製造部の間で頻繁に摩擦が起こっている。もっと仲良くやってほしい……。」

「営業一課と営業二課の責任者の方針が違い、いつも現場で混乱が起こって困る……。」

「どんなに意見を言っても無駄だ。何も言わず仕事をしていた方が賢明だ……。」

「今日はなんか機嫌が悪いみたいだ。打ち合せたいことがあるけど明日にするか……。」

第6話

ドラッカーのセミナー3日目「組織の人間関係」

一九五九年七月一七日　箱根

これは、組織の一人として仕事をしていれば、そのような想いになったことは一度はあることと思う。人間関係が仕事に与える影響はあまりにも大きい。

「社会に出てビジネスをしようと思うのであれば、まずは相手との信頼関係を築かなければなりません。それはつまり、その人自身が相手に気に入ってもらう必要があるということです。その時にまずは最低限必要なことがあります。それは、礼儀正しさです。もちろん礼儀正しいだけで、実力がなければ長続きしません。しかし仮に実力があっても、挨拶ができていなかったり、失礼な態度、偉そうな態度をとって相手に不快な思いをさせるような人では、せっかくの実力が発揮できないですよね。」

こう語るのは、GMOインターネットの代表取締役会長兼グループ代表の熊谷正寿だ。

道理に通じた人間は自分を超える何かを追及し、力でものを言わせる人間は自分を超える者を忌み嫌う。

三国志の時代、曹操《そうそう》という武将がいた。そこに敵国の使いである張松《ちょうしょう》という男がやってきた。張松に対して、曹操ははじめから虫が好かなかった。曹操は張松に言った。

「わが大軍が攻めたら、お前の国は逃げ足の速さでも自慢するか」

敵国の使いに対する言葉とはいえ、あまりに無礼である。**礼儀は目上の人に対してのみでなく、人間と人間の間にある**ものだ。一国のトップでありながら、それを弁《わきま》えぬ曹操は、自分で自分を卑しめていることに気がつかなかった。

張松は言い返した。

「あなたの大軍を倒すのに手間はいりません。いつでもわが地へ遊びにいらしてください」

弱国の一兵が、強国のトップを威圧した。曹操は赫怒《かくど》して兵に命じた。張松は、大勢の兵から、足蹴り、鉄拳を浴び、半死半生にされて外へ突き出された。張松は、腫れ上がった顔も治まらないまま、劉備《りゆうび》という武将に会いに行った。劉備の部下は、懇切を極めた対応で張松を応接した。水打ちされ、清められた門から劉備の姿が現れた。張松はトップの出迎えに慌てふためいて、馬を降りて礼を述べようとしたが、先に丁寧な挨拶を述べたのは劉備の方だった。

張松は言った。

「私のような貧客に、過分なお出迎え、恐縮です。」

第6話

ドラッカーのセミナー3日目「組織の人間関係」

一九五九年七月一七日　箱根

曹操に無礼な態度をとった張松も、劉備の前にあっては謙虚な人だった。

驕慢は驕慢を映し、謙虚は謙虚を映し出す。人と人との関係は鏡のようなものだ。人の無礼に怒るのは、自分への反映に怒っているようなものと言えよう。

今日、人間関係と言うと、コミュニケーションを術の一つと捉えた稚拙なものも少なくない。大事なことは、**人に対する誠実さ、感謝の気持ち、尊敬の想い**ではないだろうか。

組織の人間関係はさらに複雑だ。それは思いもよらない影響を及ぼす。社内の人間関係が物事を煩わし、仕事より人間関係の気遣いが優先され、肝心な仕事が忘れ去られる。また、役員幹部の序列が意思疎通を妨げ、適切な決断が攪乱《かくらん》され、重要な決定は宙に浮いたままになる。あるいは、急ぎの仕事であっても、部門間の対立が障害となり、気がつくと部門間の調整が仕事となってしまう。

そして、部下は何らかの理由で力の出し惜しみをはじめる。ベストを尽くせなくなっていく。その理由は、「言ってもどうせだめに決まっている」というあきらめもある、また、「どうせ期待されていないから」という悔しさもある。そのきっかけのほとんどが、組織内の人間関係によるものが多い。

ベストを尽くせる状態でなければ、優れた仕事は行われず、納得いく成果は生まれない。人が持つ知識や能力とはまったく関係のないところで、一人ひとりが持つ知識や能力を奪っていく。

今これを読んでいるあなたの会社では、もちろん、そんなことはないと思う。しかし、仮に一つでも心当たりがあれば、本来組織が持つ力を発揮できずにいる状況にあると言えるかもしれない。

ドラッカーは、三日目のセミナーで何を語ったのだろうか。

人間を活性させる道

一九五九年の七月、日中の暑さは厳しかった。生暖かい風が葉と葉の触れ合う音を会場に運んでいた。セミナーは最終日を迎えていた。三日目の最終日のテーマは、「組織の人

第6話
ドラッカーのセミナー3日目「組織の人間関係」
一九五九年七月一七日　箱根

間関係」についてだった。

企業は事業を進める組織である。その組織とは様々な人間で構成されている。様々な人間がいるゆえに、様々な人間関係の模様がある。人間関係は、目に見えないものでありながら、すべての人が避けて通れないものであり、すべての組織にとって避けて通れない課題である。

人間が持つ個性は、あまりにもバラエティに富んでいる。私たちはみんな同じ人間でありながら、一人ひとりまったく違う。仮に、クローン人間のように、身長、骨格、肉付き、顔、血液型、考え方、性格、得意なことから苦手なことまで、何から何まで同じであれば、人間の進化はそこで止まり、人間という種は絶滅してしまう。人間は、変わりゆく環境の変化に対応して進化していくために誰一人として同じではない多様性を内包している。

会社という組織も同じである。組織の中に同じタイプの人間しかいなければ、進化はそこで止まり、その組織は絶滅してしまう。**違うタイプの人間がいるからこそ、組織は変わりゆく環境の変化に対応し、事業を進化させていくことができる。**

そこで、組織は人間の**貢献意欲を生み出す共通の軸**となるものが、どうしても必要になってくる。

ドラッカーの声がマイクを通して、会場に響き渡っていた。続けて、組織の人間関係についての、時代の流れから入っていった。


組織の人間関係についての研究は、一九一〇年代にオーストリアではじまった。

〝仕事をしにきた従業員は私服を脱いで作業着に着替える。しかし人間性を脱がずにそのまま作業につく〟。会社は人の手だけを雇えない。そんな当たり前のことに気がついたのは、一九二〇年代に入ってからのことだった。

社会はこれまで、そこに個性ある一人の人間であるということを無視してきた。人間を人間として見ることをしてこなかった。従業員は、誰かの子どもであり、誰かの親であり、誰かの夫であり、誰かの妻である。ただ仕事をしてくれる人というだけでなく、かけがえのない一個の人間だ。

その発見から職場の人間関係に関する研究がはじまり、その研究はアメリカに渡り、急速に発達していった。

第6話

ドラッカーのセミナー3日目「組織の人間関係」

一九五九年七月一七日　箱根

アメリカでは一九四〇年代に入ると、ビジネスマンの誰もがコミュニケーションという言葉を使い、ビジネス用語の一つのように取り扱われるようになった。そして、「人間は経済を発展させるために存在する」という考え方と、「人間は幸せになるために存在する」という考えの対立が起こった。前者と後者は、それぞれに理論を展開し、職場の人間関係は、仕事と切り離されたところで議論されるようになった。

本来、「組織の人間関係はどうあるべきか」という議論が、「人間と人間はどうあるべきか」といった議論にすり替わり、人間関係だけが議論されるようになった。組織の人間関係に関する研究の目的は「事業を繁栄させるための協力関係」にあった。それに対して、人間関係に関する研究の目的は「人間が幸福になること」にあった。組織の人間関係に関する研究と、人間関係に関する研究といったように二手に分かれた。

組織の人間関係の良し悪しが、働く人の環境に大きな影響を与える。しかし企業は、組織の人間関係の解明などという理屈を待っていられなかった。人間関係論では、埒《らち》が明かないことがわかった。

そこで、コミュニケーションの向上で物事を片付けてしまうことを一旦やめた。そこに登場したのが、モチベーションという分野だった。人間を活性させる道を求めはじめた。モチベーションとは、全力を尽くしたいと思う理由を生み出す何かである。多くの企業が働く一人ひとりのモチベーションを高めることに力を入れはじめた。

第6話
ドラッカーのセミナー3日目「組織の人間関係」
一九五九年七月一七日　箱根

働く人の貢献意欲を生み出す

あなたの組織のさらなる発展のために

人は誰かに動かされる存在ではなく自ら動く存在だ。その人を動かすものは誰かではない。本人だ。その人の心がその人を動かす。

ドラッカーの講義は続いた。

モチベーションに関する研究は、既に一九一〇年代前半にはじまった。一九五〇年には、米軍はモチベーションを高めるプログラムを持っていた。もとよりモチベーションは、精

神論の話ではない。

モチベーションとは、自分の意志によって、自分の優れた点を発揮して、他者と協力し合って成果を出していこうとする心の動きだ。働くエネルギーの使い方を習練することができるものだ。

モチベーションを頼みとした多くの企業ができたことは、もともとモチベーションの高い人をさらに高めることだけだった。依然として、モチベーションの低い人は低いままに留まっていた。

ゼネラル・エレクトリック社は、「仕事のスキル」と「コミュニケーションのスキル」は別々のものとする幻想からいち早く抜け出し、一九五〇年あたりから、働く人の貢献意欲が高まる成果を設定することに取り組んだ。

どんなに優れたコミュニケーションスキルがあったとしても、貢献意欲がなければ優れた仕事は生まれない。たとえコミュニケーションスキルが不得手であったとしても、貢献意欲があれば、その不得手は凌駕されることに、ゼネラル・エレクトリック社は気付いたのである。

伸び悩む会社は「働く人の意欲を高める事」に苦心している。伸びてる会社は「**働く人の意欲が高まる成果をどう設定するか**」に苦心している。

何をもってよしとしとするか、という明確な物差しを明らかにすれば、働く本人が、自分の仕事の結果を自分で見て、自分の仕事を自分で改めてくれるようになる。

とはいえ、意欲に溢れた人ばかりではない。なんらかの原因で、本来持ちうる意欲を失っている人もいる。

「意欲のない人をどうすればいいか」

という質問にドラッカーはこう答えた。

「そういう人は放っておきましょう」

仕事に意欲を持つか持たないかはその人の問題だ。しかし、人の意欲をどこに向けさせるかは組織の問題である。人の意欲はコントロールできないが、組織の方向を明確に指し示すことはできる。

あなたの部下のさらなる活躍と、あなたの組織のさらなる発展のために、部下の意欲が高まる具体的な工夫に挑まれることをお薦めしたい。

第６話
ドラッカーのセミナー3日目「組織の人間関係」
一九五九年七月一七日　箱根

血の通う組織をつくる

部下に対し誠実であれ

優れた上司は人を育てる。数年も経てば自分の仕事を任せられる後任が育つ。それに対して、十年経っても誰にも任せられないという上司がいる。

誠実でない上司が一人でもいれば、部下はいや気がさし、組織は腐敗する。「オレが言った通りにやれ！」と言う上司は人を育てない。優れた部下を育てるのは、「キミの考えを聞かせてくれ」と言って部下の話に耳を傾ける上司である。

部下の話に耳を傾けることはわかっていても、忙しくて時間はなかなか取れないと言う

人は多い。その時間を取らなければ、それ以上に多くの時間が無駄に取られる。

もっとも多くあるケースが「どんどん意見を出してくれ」と言っておきながら、いざミーティングをすると、上司の独演会になる。部下はできる限りミーティングの場を持ちたいと思わなくなる。また、部下の話を聞きながら、「早く終わってくれないかな」という顔をしている。もちろん部下に伝わっている。

部下の育成についてドラッカーは次のように言った。

部下の話を聞くことがなぜ重要なのか——。部下の考えと自分の考えがすべて一致していることはあり得ない。必ず、考えはどこか違うものだ。その考えが見えた時、上司はつい「部下の未熟さ」を発見したと思い、何としてでも部下を説得しようと、懇々で話がはじまる。これでは部下はうんざりしてしまう。

考えが間違っているのではなく、部下は自分とは違う情報を持っていたり、自分とは違う事実を見ているかもしれない。事実、部下の考えは自分の解釈を深めてくれたり、解決策に対する新たな選択肢を与えてくれたりする。また、認識の誤りをただしてくれたりすることも多い。

部下の考えが自分の考えと違う時、部下の考えを変えようとするのではなく、部下の考えを受け止めなければならない。「聞く」ということは、お互い「どこが同じ考えで、どこが違う考えなのか」を明らかにすることだ。

それらが明らかになることではじめて、お互いの考えをさらにいい考えにしていくことができる。

組織が発展するもしないも、部下を育てる人間がいるかいないかで決まる。上司は、上から号令をかけているだけであってはならない。上司は、部下の考えをゆっくり聞ける時間を確保してほしい。

それが、部下の成長につながるからだ。部下に対して誠実でありさえすれば部下は勝手に成長する。

部下は上司の誠実さに誠実さをもって応えてくれる。また、不誠実には不誠実をもって応える。上司が部下に対し不誠実であれば組織は停滞し、上司が部下に対して誠実であれば組織は必ず活性化する。

自分が正しいとは限らない

ある企業の商品企画部門の部長と課長の間でこんなことが起こった。課長は部長に、ある商品の企画について計画書を提出した。課長は部長からの承認、いわゆる決定の承諾を待っていた。しかし部長からは、いつまで経っても明確な反応はない。課長は部長からの承諾を得るまで仕事を止めていた。課長は、部長の反応の遅さがストレスになった。その課長はこう思った。

「なぜ決めてくれないんだろう？」

一方、部長は課長に対してこう思っていた。

「なぜ自分で決めないのか？」

第6話
ドラッカーのセミナー3日目「組織の人間関係」
一九五九年七月一七日　箱根

さらに、課長は部長に「責任をとりたくないからか？」と思い、部長は課長に「やる気がないのか？」と思っていた。根本的な原因は二人の上司がその件についての権限を明らかにしていなかったことにある。上司と部下の権限を曖昧にしておくと、こんなところから、人間関係は悪くなる。しかし、その状態を見た上司は、自分の部下である課長と部長にこう思う。

「君達、もっと仲良くやれよ」

その上司は、自分に非があることにまったく気が付かない。

その上司の打つべき手は、「**課長と部長の権限を明確にすること**」だった。しかし、その上司が取った行動は、「二人を飲みに連れて二人の仲をなだめること」だった。適切な手が打たれなければ、同じ問題が繰り返される。そして課長と部長はいつも仲が悪いといった勘違いが常態化する。これは、症状が現れた場所が人間関係であって、問題の所在は人間関係にあるものではない。このケースからわかるように、一概に人間関係に問題があると片づけてしまうのは極めて危険だ。組織が持つ根本的な問題がそのまま放置され、組織の発展を阻んでいくからだ。

伸び悩む組織の人にいろいろ話を聞いてみると、たいてい、あの人が悪い、この人が悪いと、たくさん理由が挙がる。確かにそうかもしれない。しかし、そこには自分はどうなのかという視点が欠落している。かく言う私もそうだった。

他の人に非があるからといって、自分が正しいとは限らない。誰しも、自分がいけない、自分に責任があるとは考えない。

仕事振りの良さを引き出す

わが社の使命は社員を幸せにすることだ。

これは、時折、経営者から耳にする言葉だ。もちろん、会社が社員を不幸に追いやってはいけない。しかし、会社が社員を幸せにするという言葉は意味がない。なぜなら、会社にとって社員を幸せにすることは、「**果たさなければならない責任**」であって「成し遂げたい目的」ではないからだ。

ドラッカーの核心に迫った言葉に熱がこもっていた。

企業の目的は、けっして働く人を幸せにすることではないし、自分たちが幸福な団体になることでもない。企業も目的は事業を通じて喜ぶ人を増やすことだ。

また、働く人は、幸福になるために職場に来ているわけではない。仕事をするために職場に行っているのだ。

どんなに業績が悪くても、いい人間関係だけを重視するという経営が成り立つはずがない。国が崩壊してしまえば、国は国民を国民として扱う力を失う。同じように、会社も経済力が崩壊すれば働く人を働く人として待遇する力を失ってしまう。職場の人間関係とは、事業の繁栄なくして成り立たない。

したがって、職場の人間関係を最終目的とすることは間違いである。優先すべきは、人間関係ではなく仕事の成果である。職場の人間関係は、組織全体に貢献しようとする意欲を起こさせ、組織全体に貢献する働きを活発にさせることだ。一人ひとりの強みを生かし、同時に、一人ひとりが他者の強みを生かすことによって成果をあげるための手段だ。

誤解を招かないように補足したい。仕事の成果を優先すべきと言っても、職場の人間関係を軽んじていいということではない。ただ、職場の人間関係を重んじるあまり、仕事の成果をないがしろにしては元も子もないと言いたいのだ。

企業は、新しい期を迎えるたびに、組織を点検し、組織を再編する。新たに組織を整えたからといって、組織が成果を生んでくれるわけではない。血の通わない組織になってしまえば、人も組織も窒息し、仕事は心ない作業になってしまう。

組織は人間で言えば骨格のようなものだ。そこに温かな血液を送り届けることがリーダーの役割である。それは、「仲の良さを高めるため」ではなく、「**仕事振りの良さを引き出すため**」である。

「私の判断基準は常に現場の人です。現場の人が元気になる、やりやすくなる、これが

第6話
ドラッカーのセミナー3日目「組織の人間関係」
一九五九年七月一七日　箱根

一番です。たまにおかしな人が上に立つこともありますが、極端な言い方をすれば、すぐに交代していただきます。現場の人がかわいそうですから。」

そう語るのは、パナソニック株式会社の代表取締役副社長の高見和徳だ。

高見副社長は部長時代に、ある工場が閉鎖された。従業員四六〇人に辞めてもらわなければならなかった。周囲から、「夜道は絶対気をつけた方がいいですよ」、「ボディガードをつけましょうか」と言われたが断った。副社長は、一人ひとり、じっくりと懇談していった。二年間かけて四六〇人全員の就職先の世話をし、四六〇人の就職がうまくいくように全力で取り計らった。副社長は、今でも一人ひとりの顔を覚えているという。

また、グループ会社の社長に就任した時は、国内一六拠点、海外五八拠点、社長としてすべての社員に会いに行った。顔色の悪い人、陰で苦労している人、元気のない人を見つけては、声をかけて励ました。部下に愛情を注ぐ心温かい上司だった。

職場の人間関係、上司と部下の関係といっても、上に立つ人の人間性がそのまま組織に映し出される、ということを私は高見副社長の言葉から学んだ。

相手に九つのことを尋ねる

それが、良い人間関係

事業は組織で進められる。組織の中には、人間と人間の関わりがある。人間関係の良し悪しによって、人と人が助け合う社会になるか、闘争に明け暮れる社会になるかが決まってしまう。

ドラッカーの話は続いた。

「動くものが二つ以上あれば、ぶつかる可能性がある。人間も同じだ。そこに働く人が二

第6話

ドラッカーのセミナー3日目「組織の人間関係」

一九五九年七月一七日　箱根

人以上いれば、その二人はぶつかる可能性がある。実際、人と人がそこにいる以上、摩擦もあろう。勘違いもあろう。行き違いもあろう。

しかし、摩擦を避けて、何も生み出さないでいるよりも、摩擦から何かを生み出した方が価値がある。取るに足りない勘違いに目をつぶって、昨日と同じ今日を送るより、勘違いから何かを生み出し、昨日と違う今日であったほうが賢明である。

たとえ仲が良くなかったとしても、成果が出ていればそれは良い人間関係である。逆に、どんなに仲が良かったとしても、成果が出ていなければ、それは悪い人間関係である。私はここで、「脱・人間関係論」を主張しているのではない。むしろより一層、良い人間関係をつくることにもっと力を入れるべきだと言いたい。共通の目的に向けて、もっと、お互いが協力し合う状態を高めていっていただきたい。

良い人間関係とは、

人の好き嫌いや、仲の良し悪しに関わらず、仕事上、協力関係があるということだ。

それは、誰かの仕事が誰かの助けになっているということである。共通目的に向かってお互いがお互いを支え合っているかどうか。それが成果をもたらす。

成果を生む協力関係

上から押し付ければいいという考えでは、やがて組織は成果を上げられなくなる。会社が困難な目標を掲げたとき、一人ひとりがその目標に共感し、一人ひとりがその目標に向けた行動を起こしてくれなければならない。

そして、**目標を成し遂げるためには、部門の垣根を超えた組織横断の協力が欠かせない。**それは指示命令による縦割り型の組織運営とはまったく違うものである。そこには、部門間の意思疎通、上司と部下の相互信頼、同僚同士の相互理解が必要だ。

一方、人は自分にとった態度や言葉でその人に対する評価を決めてしまう。それが反感という感情を生み、時にはそれが部門間の軋轢となる。人の心に巣食う、その反感は言葉に出なくても、表情や行動に表れる。実際、そのような反感は、自分の頭の中で勝手に作り上げた仮想に過ぎず、その人を理解する前に先走った、その人に対する誤解と言える。

その誤解は、お互いの仕事に悪い影響をもたらす。

仕事の障りとなるものを取り除かないかぎり、人も組織も、本来の力は発揮されない。

憶測や思い込みはよくない。直接尋ねて確認すればそれで済むことはたくさんあるからだ。**お互いに歩み寄り、誠意をもって話し合えば、お互いの理解は得られる**ものだ。

その理解は、お互いの仕事に良い影響をもたらす。

「そうか、それならわかる。では、こちらのやり方を変えよう」

「今は、そのようにしてもらって、とても助かっている」

というように。一人ひとりが、他の部門の現状を理解し、他の人の仕事を理解し、一人ひとりが自発的に「協力しよう」と思った時はじめて、そこに、協力関係が生まれ、人も組織も力を発揮する。

仕事上の協力関係をつくるためには、まず関係者の考えを理解し、自分の考えを関係者に理解してもらったうえで、お互いの仕事のやり方を決めていくことだ。**お互いにとって良い関わり方をはっきりさせるということである。**相手の仕事について確認し合うことによって、自分の視界からは見えなかったものが見えてくる。そして、相手に対する理解が深まり、自分に対する理解も得ることができる。

では、そのような協力関係をつくるために、どうすればいいのだろうか。

具体的に、次のように、「相手に九つのこと」を聞いてみることを薦めしたい。そうすれば、今より仕事はすっとやりやすくなる。言葉の言い回しは、あなたやあなたの組織にとって、しっくりものに工夫していただきたい。

他の部門に対して聞くこと

一、私の部門が理解しておくべきことは何か
二、私の部門が協力すべきことは何か
三、私の部門があなたの部門に貢献できることはこれだ

上司が部下に対して聞くこと

四、私に理解しておいてほしいことは何か
五、私に協力してもらいたいことは何か
六、私が貢献できることはこれだ

部下が上司に聞くこと

七、私が理解しておくべきことは何か
八、私が協力すべきことは何か
九、私が貢献できることはこれだ

このように、お互いがお互いのことを確認し合って、仕事にあたることを強くお薦めしたい。成果を生む行動が起きるのは、「起こっていること」に不満をぶつけ合うときではなく、、「**進みたい方向**」に向かって、建設的な改善案をぶつけ合うときだからだ。

人間は同じ環境の中にいても、人それぞれ、物の見方も捉え方も違う。人は**他の人の言**

葉をきっかけに自分の小さな殻を破ることができる。それが組織全体の殻を破ることに直結する。そして、それが次の道を大きく開いていく。

セミナー参加者は全員経営者である。一人ひとりが自分の頭のスクリーンに、自分の会社の姿をどのように映し出したのだろうか。それは参加者本人にしかわからない。この三泊四日のセミナーで知ったことを、誰もが早く会社に落とし込みたい衝動に駆られていた。その一方で、何をどこから手をつけていいのか、についてまだ整理がついていなかった。参加者一人ひとりの頭の中にあったものは、「とにかく早く」だった。

それを理解しているかのようにドラッカーはこう言った。

いまのみなさんの頭の中には、来週、会社に行ったら、やりたいことが山ほどあると思う。会社に戻って社員さんに「今日からこれをやろう！」と言ったとしよう。社員さんは「わかりました」と素直に聞いてくれるだろう。しかし、心の中ではこう思うはずだ。「社長の思いつきがまた始まった。一週間もすれば、またいつものように忘れてくれるだ

ろう」と。

社長の想いが先行するだけで会社が空回りしてしまう構図が、これだ。経営をしていればいろいろと問題があって当然だ。それらすべてを一気に片づけようと思わずに、少しずつ時間をかけて取り組んでいってほしい。もちろん問題を放っておいてよいということではない。しかし、問題の解決に特効薬はない。

最後に、みなさんほど、意欲が高く、真剣に学ぶ人を見たことがない。これは、お世辞ではない。新しいものを求めて、取り組むことは尊い。しかし、日本は自己批判し過ぎである。異常に反省的である。みなさんは、もっと自分たちが優れていることを知ってほしい。

ありがとう。

最終日は、参加者の帰りを配慮して、午前中で終わる予定になっていた。

三泊四日のセミナーは、こうして終了した。

ドラッカーと再会を期す

文楽の人形師

七月二〇日からの二次セミナーが終了すると、ドラッカーのところに竹内がやってきた。彼はドラッカーにこう言った。

「ドラッカー先生を日本にお呼びしておきながら、いつも私は表に出ることもなく、ドラッカー先生とお話をする機会を持てず、本当に申し訳ありませんでした。」

ドラッカーはこう答えた。

「大阪で見せてもらった文楽の人形師は決してお客の前に出てきません。人の見えないところで客に喜んでもらうのが人形師の仕事です。あなたがそういう立場であることはよく知っていますよ。」

機知に富んだ言葉だった。

鎌倉の風情を楽しむ

七月二二日午後一時、昼食を終え、一息ついた一行は記念写真を撮り、セミナー会場の箱根・富士屋ホテルを後にした。

1959年7月22日　箱根の冨士屋ホテル
（写真提供：一般社団法人日本経営協会）

その後、ドラッカーは日本経営協会の案内によって鎌倉を見学した。鎌倉はそれなりの歴史を持つ観光地だが、庶民の町だった。庶民的なものへの関心も高かったドラッカーは、少年と並んで写真を撮ったりして鎌倉の風情を楽しんでいた。

第6話

ドラッカーのセミナー3日目「組織の人間関係」

一九五九年七月一七日　箱根

1959年7月22日　鎌倉
（写真提供：一般社団法人日本経営協会）

1959 年 7 月 22 日　鎌倉
（写真提供：一般社団法人日本経営協会）

帰国の途につく

竹内はドラッカーを見送る時、別れ際にこう言った。


「ありがとうございました。

このたびの懇談会と講演、そしてセミナーを大成功に終えることができ、心から感謝申し上げます。

ぜひ、来年もお願いしたいと考えております。

次回の企画については、梅田がアメリカに行きますので、その際に相談させてください。今後ともよろしくお願いいたします。」


ドラッカーは喜んで引き受けてくれた。そして、こう言った。

「了解しました。

来年は、家族と一緒に来るのでよろしくお願いします。」

七月二二日午後七時。ドラッカーは、羽田空港発のノースウエストで帰国の途についた。日本に来たことがなかったドラッカーの目に日本はどのように映ったのだろうか。そして、日本に対してどんな印象を持っていたのだろうか。

後日、ドラッカーから日本経営協会に手紙が届いた。そこには、ドラッカーの目に映った日本の姿が綴られていた。それは、第7話「日本へのメッセージ」でお伝えしたい。

まとめ

- 人間関係を優先させ、成果をないがしろにしては元も子もない。
- 好き嫌いや相性に左右されず、成果に向けて協力し合うことが理想的な姿。
- 成果をあげるためには、他の人に協力し、他の人に協力してもらうことが必要。
- 事業を推し進めていくためには、部門の垣根を超えた横串の協力が欠かせない。
- 部門間の意思疎通、上司と部下の相互信頼、同僚同士の相互理解は絶対に必要。
- 誠意をもって話し合えば理解が得られる。その理解は仕事に良い影響をもたらす。
- 協力関係をつくるためには、関係者の考えを理解しなければならない。

第7話

ドラッカーの手紙
「日本へのメッセージ」

一九五九年八月二〇日　デンバー

ドラッカーに直接依頼した

ドラッカー・ブームの仕掛け人

根上、竹内、梅田はドラッカーを日本に呼ぼうと決めたはいいが、さてドラッカーにどうやって依頼すればいいかわからなかった。

そこで、ドラッカーの著書を取り扱っていた出版社やエージェントに仲介をお願いしてみたが、ドラッカーを日本に招くことやセミナーには興味を持ってもらえなかった。しかし、ドラッカーの住所、そして、ドラッカーは日本の水墨画にかなりの興味を持っていることを教えてもらえた。当時、日本でドラッカーと親交があったのは、ドラッカーをはじ

第7話

ドラッカーの手紙「日本へのメッセージ」

一九五九年八月二〇日　デンバー

めて日本に紹介した野田一夫先生だけしかいないことがわかった。竹内は、野田一夫先生のオフィスを訪ねた。

野田一夫先生は当時のことを次のように回想している。ご本人の了解のもと、ここに紹介する。

「ピーター・ドラッカーを日本に招いてセミナーを開催するという企画をたずさえて竹内氏が私のオフィスに訪ねてこられたのは、今からもう半世紀以上も昔のことである。経営学者の講ずる〝経営学〟があまりに抽象的かつ無味乾燥であったことに辟易《へきえき》していた私は、その頃、生きて躍動する企業を感じさせてくれるような書物を切に求めていた。その私に、米国へ留学して帰国した友人からお土産としてもらったのがドラッカーの『The Practice of Management』だった。この本を読み進んだ時の感動を私は一生忘れない。〝生きて躍動している〟企業の実態が実に具体的に紹介されていたからだ。

私は是非ともこの本を翻訳して世に送り出そうと決意し、同学の友人、後輩数名に呼びかけた。その成果は約一年後『現代の経営』として実った。私が誇りに思っているのは、ドラッカーの了解を得て、その本を『現代の経営』と名づけたことである。当時私は、この本の中にこそ、現代の経営の真髄が説かれており、日本の経営者はその真髄に接することによって経営を近代化でき、ひいては日本経済を成長軌道に乗せることができるという確認を抱いていたからだ。この訳書は刊行と同時に、爆発的な反響を呼び、予想もしない速さで販売部数を増やし続けた。

竹内氏が私のオフィスへおいでになったのは、まさにそういう〝ドラッカー・ブーム〟が起こり始めて間もない頃だった。ドラッカーを日本に招き、日本の経営者に講義をしてもらい、そのあと忌憚《きたん》のない意見交換をする機会をつくろうとしたわけである。なにしろ日米の経済格差が今とはまるきり違う時代の話である。多少の不安を抱きながらも、私は竹内氏の着想と実行力に敬意を表し、早速ドラッカーへの依頼状の筆を執った。ドラッカーが日本の経営近代化に対して大きな役割を果したとすれば、その功労者として私は、迷わず竹内氏の名を挙げたい。」

ドラッカーに送った手紙

一九五七年一一月、日本経営協会がドラッカーに宛てた手紙は次のとおり。

「突然、このようなお手紙をお送りさせていただいたことをお許しください。

私たちは、日本経営協会という団体です。経営者向けの書籍や月刊誌を発行しながら、国内外の交流を行っています。今年の夏、ニューヨーク大学のJ・G・グローバー博士を日本に招き、経営者を対象にセミナーも実施いたしました。ご承知の通り、日本は戦争の痛手から抜け出し、日夜研鑽に努めているところでございます。ドラッカー先生の『現代の経営』は、多くの経営者が強い感銘を受けております。さらに、ドラッカー先生から直接ご指導いただきたいという日本の経営者の要望にこたえ、ドラッカー先生を日本にお招きしたく、手紙をお送りした次第でございます。もし来日が可能であればドラッカー先生のご提示に基づいて計画させていただきたいと考えております。突然、面識のない団体からこのようなお手紙を受け取られ、驚きのことと存じますが、私たちは、ドラッカー先生の来日を心から願っております。私どもの紹介を兼ねてこちらのお願いをお伝えさせていただきました。ご返事をお待ちしております。」

日本に強い関心があった

ドラッカーが返事をくれるかどうかわからなかった。手紙を発送してから三週間ほどでドラッカーから返事が来た。封を開けた梅田は、ドラッカーの返事の内容と自分の鼓動の響きの両方に意識が持っていかれ、気持ちが定まらなかった。梅田が読み終わる前に、根上は梅田に尋ねた。

「おい、何て書いてある？」

ドラッカーからの手紙には次のように書かれていた。

第7話

ドラッカーの手紙「日本へのメッセージ」

一九五九年八月二〇日　デンバー

「お手紙ありがとうございます。出張で不在にしており、お手紙を確認するのが遅くなりました。私は日本に興味を持っており、日本を訪問したいと考えています。しかしながら、現在、本の執筆と講演の予定が詰まっております。スケジュールを検討してから改めてご連絡させていただきます。」

送った手紙を受け取り、内容を確認したことをこちらに伝えてくれるものだった。ドラッカーから来た返事は、来るとも来ないともわからないものだった。しかし、日本経営協会はドラッカーの来日が実現できるという確信に近いものを感じた。その根拠は、三つあった。ドラッカーを日本に呼んだ団体はまだないこと、日本にマネジメントブームが起きていること、ドラッカーは日本に興味を持ってくれていることだった。

ドラッカーは、ロンドンの銀行で働いていた頃、たまたま日本の美術を目にしたことがある。その時ドラッカーは、

「日本の歴史、日本の社会、日本の文化は何からできているのか。」

「欧米以外の国で、なぜ日本だけが欧米から輸入した技術と制度をもとに、近代国家と近代経済を建設し、しかも同時に、国としての一体性と独自性を維持できたのか。」

という興味を持った。その興味は、解明できない大きな疑問へと発展し、そのままになっていた。

日本経営協会は、ドラッカーが日本に来てくれる可能性は十分あると考え、間髪入れず手紙をしたためた。内容は次の通りだ。

「早々のご返事ありがとうございます。ぜひ日本にお越しいただけることを願っております。なお、日本を紹介する資料や写真などをお送りさせていただきますので、ご確認いただければと思います。」

第7話

ドラッカーの手紙「日本へのメッセージ」

一九五九年八月二〇日　デンバー

日本を訪問したい

一九五八年の春、ドラッカーから電報が届いた。

「日本を紹介する資料や写真などをお送りいただき、ありがとうございます。日本の経営者の方々とも話す機会を持ちたいと思っています。日本への訪問が可能な場合、七月初旬とし、三週間ほど滞在したいと考えております。ただ、ヨーロッパへ講演に行く予定が詰まっており、スケジュールの調整が難しい状況です。厚情溢れるご要望におこたえできるかどうか、もう少しお時間をいただければと思います。いずれは、日本へお伺いしたいと思っておりますが、正式な返事はもう少し時間をください。」

根上、竹内、梅田は興奮を抑えられなかった。正式な返事ではないが、可能性に一歩近づいたと思えた。もう受け身のままではいられなかった。この時も間髪入れず、ドラッカーに手紙を送った。ドラッカーが喜びそうな日本の書籍を探し、それを買ってはドラッカーに送り届けた。

また、都合がつけられるなら、講演だけではなく、セミナーを開催したい旨を伝えた。ドラッカーに日本への関心をさらに高めてもらうために、日本滞在中の観光計画を添えることもした。観光名所として知られる日光をはじめ、日本独自の文化に触れることができる場所を選び、それらの写真も添えて手紙を送った。

三顧の礼

ドラッカーからきた返事

ドラッカーを招聘しよう、そう決意してから約一年半が過ぎた。当時のドラッカーは、一九三九年に『The End of Economic Man』(『経済人の終わり』)、一九四二年に『The Future of Industrial Man』(『産業人の未来』)、一九四六年に『Concept of the Corporation』(『企業とは何か』)、一九五〇年に『The New Society』(『新しい社会と新しい経営』)を出版し、その年にニューヨーク大学の教授に就任している。そして、一九五四年に『The Practice of Management』(現代の経営)、一九五五年に『America's Next Twenty Years』(『オート

メーションと新しい社会』）、一九五九年には『The Landmarks of Tomorrow』（『変貌する産業社会』）、『Gedanken fur die Zukunet』を発表している。

ドラッカーが日本経営協会の手紙を受け取った頃は、執筆の真っ只中だった。コンサルティング活動と講演に奔走しながらの執筆だ。多忙を極めていた。日本に行くとなれば、かなりまとまった日程をとらなければならない。日本経営協会からの依頼に対して、ドラッカーが即答できなかったのは無理もなかった。

一九五九年二月、ドラッカーから日本経営協会に次のような手紙が届いた。その内容は短く簡潔なものだった。

「私は、現在アメリカでのセミナーやヨーロッパでの講演を控えております。また執筆などのスケジュールを考えると、日本へ訪問する日程をとることができません。せっかくご招待いただいたところ誠に恐縮ですが、今回はどうしてもお受けすることができません。ご了承くださいますようお願いいたします。」

封を開け、ドラッカーの返事を確認した梅田は、ドラッカーの文字に目を置いたまま息を吐くようにこう言った。

「ドラッカーは断ってきました……。」

根上は眉を寄せてうつむいた。根上はあきらめなかった。ドラッカーへ再びお願いすることにした。竹内はドラッカーへ最後の手紙を書き、それを梅田が徹夜で英文にした。

日本が持ち望んだドラッカーの来日

根上が決断し、竹内がやることを決め、梅田が実行した。チームワークのあるべき姿だった。手紙の内容は次の通り。

「ドラッカー先生、お返事ありがとうございます。お忙しい中、無理なお願いをして申し訳ありません。ドラッカー先生からお断りのお手紙をいただき、残念でなりません。お断りいただいたことを承知のうえで再度お願いのお手紙をお送りさせていただきました。

これまでお送りさせて頂きました手紙で、私たちの組織や活動については十分ご理解いただいたと思いますので、繰り返し同じことをお伝えすることはいたしません。既にご理解いただいていることとは存じますが、私たちは、日本の社会に貢献することを目的とした団体でございます。お金を儲けるためにドラッカー先生を日本にお呼びしようとしているのではありません。今後の日本の発展のために必要な智恵を日本に伝えるのが使命であり、またそれが自分たちの責任であると考えております。

日本は一九四五年、焼け野原となりすべてを失いました。戦後の大きな爪あとが残る中にあって、私たち日本人はできる限りの努力を尽くし、ここまでやってまいりました。しかし、経営の分野については、まだまだ遅れをとっております。ドラッカー先生が執筆された『現代の経営』に日本の経営者は大きな影響を受けております。

日本の経営者はさらに、ドラッカー先生の肉声に触れて学びたいと切に願っております。否、ドラッカー先生から学ばなければならないと強く感じています。ドラッカー先生のご教授をいただきたいと願っております。私たち日本経営協会がただドラッカー先生をお呼びしたいのではなく、日本の経営者たちがドラッカー先生の来日を強く望んでおります。」

七月上旬に訪問したい

ドラッカーから電報が来た。それはドラッカーへ手紙を発送したその一〇日後だった。梅田が封を開けた。根上は恐る恐る梅田に聞いた。

「どうだ？」

梅田は短く答えた。

「来ます！」

根上は感極まったのかそこから姿を消してしまった。こみ上げる涙を人に見られたくなかったに違いない。日本経営協会のオフィスで大歓声が上がった。何事かと階下にいた人たちがその部屋に上がってきたほどだったという。

本気の一人がいれば、それが波動となって、その想いは組織全体に広がっていく。ドラッカーを日本に呼ぼう、という根上一人から始まったその思いは、一人ひとりの想いになっていた。ドラッカー来日が決まった時、一人ひとりがそのことを自分のことのように喜んだ。

一九五九年三月、ドラッカーの来日は決まった。こうしてドラッカーを日本に呼ぶ扉はついに開かれた。ベストを尽くせばチャンスの扉が開かれる。

根上の心はドラッカーに届いた。思えば三顧の礼そのものだった。電報には次のように書かれていた。

「本件、了解いたしました。今年七月上旬に訪問したいと考えております。詳しくは別途お伝えいたします。」

第7話

ドラッカーの手紙「日本へのメッセージ」

一九五九年八月二〇日　デンバー

その後、ドラッカーから日本経営協会に手紙が届いた。その手紙には次のように書かれていた。

「あなたの熱意にこたえ、日本を訪問することを決意しました。すでにお伝えした通り、七月初旬くらいに訪問し、三週間ほど滞在しようと考えております。セミナーや講演会についても詳細を詰めていきたいと思いますのでよろしくお願いいたします。まずはご要望などお聞かせいただければと思います。併せて、日本滞在中の観光の配慮については心から感謝します。」

一九五九年七月、ついにドラッカーが日本に来る。

ドラッカーが来日するまで、あと三か月しかない。ドラッカーとの細かなやり取りがはじまった。やらなければならないことは山積していた。講演とセミナーの企画、会場の手配、チラシの作成、通訳の手配、セミナー資料の作成、宿泊先の手配等々、当日の配布物、当日の運営に必要な人員の体制、マイク、カメラなど機材の準備、机や椅子をどのように配置するかといった会場のレイアウト、集客の手配、当日の運営と、目が回った。普段、講演やセミナーの運営に慣れているとはいえ、なにしろ来るのがドラッカーだ。この時は、仕事の勝手がまったく違い、日頃と違う緊張が走っていた。

講演は、東京で行われることに決まった。セミナーは、三泊四日で行うことになり、会場は神奈川県箱根にある富士屋ホテルに決まった。そして、東京でドラッカーと懇談会を開催することも決まった。いろいろなことが次から次へと猛スピードで決まっていった。

こうして、様々なことが着々と進められていった。

第7話
ドラッカーの手紙「日本へのメッセージ」
一九五九年八月二〇日　デンバー

懸念された通訳

仕事の丁寧さに誰もが驚いた

ドラッカーから次のような連絡があった。

「講演とセミナーとも通訳を介しての内容ですので、時間を半分以下で見ておきます。講演についてですが、参加される方々に概要をまとめた資料をお配りした方がよろしいかと思います。つきましては、原稿をお送りいたしますのでお手配のほどよろしくお願いいたします。また、三泊四日のセミナーにつきましては、テキストを準備いたします。テ

キストと言っても、どんな内容なのか受講される方々が把握できるレベルのもので、内容をこと細かく記載したものではありません。

セミナーの進め方は、私がただ一方的に話をする形だけではなく、受講される方々の考えを聞いたり、質問があれば質問にお答えしたりしながら進めていきます。また、受講される方々同士でグループディスカッションを行います。経営者同士でお話ししていただくことで、きっといろいろな気づきがあると思います。

グループディスカッションのテーマは私の方で用意いたします。受講される方の反応によって、内容を変更したり、進め方を調整したりできるように柔軟に進めてまいりますのでよろしくお願いいたします。観光については、こちらから特にお願いすることはありません。ご案内に従います。」


まだ会ったことがないドラッカー。その書簡のやり取りから、仕事の丁寧さには誰もが驚いた。そのうえ、とにかく仕事が早い。何かをお願いすると、必ず何日何時までに何を送るからという返事をしてくる。そして、約束したことを必ず実行した。また、訪日の手続き、滞在中のスケジュールなどについても細かなところまで自分の意見を述べてくる。

しかし、それは決して押しつける形ではなく、いたって丁寧で、まるでドラッカーから日本への訪問を依頼してきたかのような錯覚に陥るほどだった。

ありのままを映し出す慧眼

ドラッカーの話の範囲は広い。社会、人間、哲学、経営、組織論など、様々な角度から話を展開していくため、聞き手は、話の焦点を見失うような錯覚に陥ることがある。物事に通じているドラッカーの見識の広さに聞き手が幻惑されるからだ。

ドラッカーの講演の日程が決まったその日から、運営に携わる関係者に重くのしかかる気がかりがあった。ドラッカーの講演を通訳する者は、上層部で決められ、通訳の能力については何も確認されていなかった。関係者にのしかかっていた気がかりとは、通訳の英語の能力そのものについてではなく、社会、人間、哲学、経営、組織論などに関する見識を持ち合わせていなければ、通訳は通訳にならないのではないだろうかという懸念であった。当時、そのような通訳はいなかった。致し方なかったと言えば致し方なかった。何か具体的な行動を起こせたわけでもなく、当日までその気がかりを引きずってしまった。講演の当日、はからずも、その気がかりが現実のものとなってしまった。関係者は、全身に汗をかいた。

懇談会の時とは違う通訳者は、本人の名誉に関わるため名前は伏せるが、ドラッカーの講演の流れに追い付いていけなかった。通訳が話していた日本語は、解読不可能だった。単語を一つひとつ言ってくれたほうがまだマシだったが、通訳は、何とか日本語に変換して言葉を並べたてた。日本事務能率協会（現日本経営協会）は、ドラッカーの提案により、参加者に講演の要点をまとめた資料を配布していた。講演は無事に終わった。新聞記者や雑誌記者から通訳に対するクレームがあったものの、幸い聴衆からのクレームはなかった。

現実の社会は常に変化してやまない。その変化は、数学のように定理定則にのっとった理論で割り切れるものではない。ドラッカーは、うごめく現実の中から、役立つものを探り出す。それをそのまま提示することによって、多くの人に考える機会を提供してくれる。

第7話
ドラッカーの手紙「日本へのメッセージ」
一九五九年八月二〇日　デンバー

ドラッカーの自宅を訪問

ニュージャージーで再会

梅田は、ニューヨークにいた。

「今、ニューヨークにいます。ご自宅にお伺いしたいのですが、何時ごろがご都合よろしいでしょうか?」

「その公衆電話の電話番号を教えてくれ。」

公衆電話の番号を伝えると、すぐにかかってきた。

電話をかけているのは梅田だ。もちろんドラッカーにである。

「明日ならオーケーだ。○○時○○分のバスがある。それに乗ってニュージャージーの○○で降りてくれ。そこへ車で迎えに行く。」

ドラッカーは、細かなところまで気を使ってくれる人だった。梅田が、ドラッカーに連絡をしたのは、来年また日本に来てもらう相談のためである。ドラッカーの自宅に上がると、日光で買った水墨画が飾ってあった。二人は、コーヒーを飲みながら打ち合せをはじめた。梅田は要望をひと通り伝え、ドラッカーから見た日本に対する助言を加味して、次回のセミナーは、マーケティングとイノベーションという路線で進めていくことになった。打ち合せがひと段落し、そのまま昼食をとった。

梅田は、夕刻、ニューヨーク大学のグラバー教授を訪問する予定だった。ドラッカーはそれを聞くと、

第7話

ドラッカーの手紙「日本へのメッセージ」

一九五九年八月二〇日　デンバー

「彼のところまで車で送ろう。」

そう言ってくれた。グラバー教授の自宅はドラッカーの自宅から三〇分くらいのところにあった。

その日、梅田はドラッカーと擦り合わせした内容を手紙にして、日本にいる竹内に送った。ドラッカーも、梅田と打ち合わせ内容を竹内に送っていた。とにかく、ドラッカーは仕事が早い。こうして日本で行われたドラッカーのセミナーは、こののち七回、行われることになる。

一回目　一九五九年七月
二回目　一九六〇年七月
三回目　一九六二年六月
四回目　一九六四年六月
五回目　一九六六年六月

六回目　一九六九年十一月
七回目　一九七二年五月
八回目　一九七五年十一月

強みを知り、それを生かせ

ドラッカーを日本に呼ぼうと最初に考え、最初に実行したのは、第1話でお伝えした通り、日本経営協会である。その指揮を執った竹内は、この年の十月、同会の機関誌で、次のように記している。

「去る七月、われわれは、ドラッカー教授を招聘した。哲学者であり、同時に、現場で経営者を支援するコンサルタントでもあるドラッカー教授の広い視野に立った教えは、手法のみを追い求める日本の経営学者や経営者に大きな衝撃を与えた。また来日して開口一

第7話
ドラッカーの手紙「日本へのメッセージ」
一九五九年八月二〇日　デンバー

番、日本の明治維新後の経済的発展を高く評価したことこともまた、日本に反省のきっかけとなったことと思う。

ドラッカー教授は、帰国が迫った第二回のセミナーにおいて、参加者に次のように言っていた。以下、ドラッカーが言った言葉を日本事務能率協会が日本語に翻訳したものである。

私は、皆さんほど真面目に熱心に研究に努力し、皆さんほど気取らずに、心から学ぼうとする意欲の高い人たちと仕事をしたことがなかった。箱根の第二次セミナーの参加者に伝えたことは、けっしてお世辞ではなかった。あえて言うならば、今回のセミナーに参加した一二〇余名の経営者の方々は、どうも自己批判しすぎるように思う。日本の経営の状況についても、非常に反省的であった。

日本は、驚異的な発展を二度も成し遂げている。明治時代の経済的成長と、ここ十年における戦後の再建である。

懇談の折、成功の秘訣は何かというテーマについて話し合った時、あるグループは、成功の秘訣は運だと言っていたが、日本は運で成功したのではない。日本の成功は、人間的な偉業であり、日本に優秀な人材が多くいる証拠である。

自らの弱みを認め、学ぶ意欲に燃えることは尊い。しかし、自らの強みを知り、それを生かさなければならない。」

第7話
ドラッカーの手紙「日本へのメッセージ」
一九五九年八月二〇日　デンバー

ドラッカーからの手紙

山登りが好きだったドラッカー

ドラッカーは、毎日朝七時に起きる。起きたらまずレコードをかけて、それを聞きながらコーヒーを入れる。コーヒーづくりはドリスに絶対にさせなかった。ドラッカーはコーヒーにうるさかった。音楽は、ベートーベン、シューベルト、バッハだった。それも、バイオリン協奏曲とピアノ協奏曲が好きだった。

ドラッカーが帰宅するのは八時から一〇時くらいだった。そして、書斎で毎日一二時頃まで本を書いていた。ドラッカーはまず原稿の下書きをつくり、それを自分で読み上げて録音する。録音したものは、以前秘書をしていた近所の奥さんにタイプしてもらっていた。こうしてできた原稿をドリス夫人が目を通し、文章を直した。

休日のドラッカーは、朝七時に起きることに変わりはないが、子どもたちが教会に行ったあと、またベッドにもぐりこんで、昼頃まで寝る。山登りが好きだったドラッカーは、よくコロラド州にある四〇〇〇メートルの山に登りに行った。

ドラッカーを日本にはじめて紹介した野田一夫先生からこんなエピソードを聞いたことがある。

アメリカでドラッカーと一緒に山歩きをしていた時のことだ。ひと休みしていると、ドラッカーが小枝で地面に円を描き、その真ん中に点を描いた。ドラッカーは、その円をさして

「これは会社だ。」

と、真ん中に点をさして

「これが経営者だ。」

と言った。続けて、

「山の上は景色がいい。下界がよく見える。しかし、下界の実情はよく見えていない。

組織図も山の形をしている。組織図は経営者に誤解を与える。経営者は組織図の頂点ではなく、厚い壁の中に閉じ込められているということを忘れてはいけない。」

デンバー

一九五九年八月十一日、ドラッカーはコロラド州デンバーにいた。

年間三〇〇日太陽が降り注ぐデンバーは、コロラド州にあるアメリカ西部有数の賑やかな都市だ。戦時中は、アメリカで唯一、日系人の強制収容所をつくることに反対した州だ。その反対にもかかわらず、日系人の収容所が一カ所作られたが、現在はその跡地に記念碑が建てられている。

ドラッカーは、毎年夏に三週間休養をとる習慣があった。ドラッカーの休養とは、この一年の振り返りと次の一年の計画のことである。ドラッカーは、自分のことをワーカホリックだと言っていた。いかにもワーカホリックらしい休養の取り方だ。

竹内は、ドラッカーが帰国した七月二十二日の翌日、感謝の手紙を送っていた。ドラッカーは、竹内から届いた手紙を持って、デンバーに来ていた。ドラッカーは、赤ワインとダブルエスプレッソが置かれたテーブルで、その手紙を読みふけっていた。手に持つ手紙の向こうには、そびえ立つロッキー山脈が小さく見える。ドラッカーは、心地よい風を浴びながら、日本で過ごした三週間を一コマ一コマ丁寧に思い返していた。もらった手紙を読みながら、頭の四隅で無意識に、その内容に対する返事を書き綴っていた。

ドラッカーは、竹内に、「日本の経営者へ」と題したメッセージをデンバーの避暑地で書いて送った。その手紙は、日本事務能率協会が発刊していた月刊誌『事務と経営』一九五九年九月号に、次のように紹介された。

「ピーター・ドラッカー教授は、去る七月、日本事務能率協会の招きにより来日
三週間滞在　トップマネジメント・セミナーや公開講演会で、
日本の産業界に多大の感銘を与えるとともに、日本の風物と人物に接して
七月二二日に帰国した。帰国直後、デンバーの避暑地で執筆した日本印象記。

第7話

ドラッカーの手紙「日本へのメッセージ」

一九五九年八月二〇日　デンバー

的を射た教訓をふくみ、味読すべき文章である。」


そこには、日本経営協会への感謝を述べたうえで、日本へのメッセージが書かれていた。

ドラッカーは日本にどんなメッセージを送ったのだろうか。長文の引用をお許しいただいた日本経営協会に、この場を借りてお礼を申し上げたい。

以下がドラッカーからの手紙だ。

手紙

初めてたずねた不慣れな国で、三週間の滞在でその国について多くを知ることはできない。

しかし、日本の人々に惚れ込んでしまうには、十分な期間だった。今回、日本事務能率協会からお招きいただき、至れり尽くせりお世話になり、日本の訪問を終えることができた。私が日本に持った印象を率直にお伝えするに努め、二、三、問題点を提起させていただきたい。日本への理解が至っていない点や誤解について考慮いただけることを期待したうえで、お伝えさせていただく。

私は当初、日本にある先入観を抱いたまま日本に到着した。日本人は、恐ろしいほど生真面目な国民だと思っていた。また、遠慮がちでなかなか人に打ち解けない国民だと思っていた。そして、めったに笑うことのない人たちだと思い込んでいた。日本にそんな先入観があった。そんな思い込みが日本に対する正しい印象を妨げていた。しかし、その間違った思い込みは一瞬にしてなくなった。

日本の第一の印象は、人間的な強さ、人間的な美しさ、人間的な意欲、人間的な風格、人間的な温かみ、人間的な朗らかさだった。日本は、笑いの国、朗らかさの国である。工場現場で働く女子工員の熟練度、無意識に発揮する力強い作業、仕事に対する熱意、工場で働く人々の快活な働きぶり、京都で見た美しい舞妓さんの笑顔、日光で行き交う多くの旅人、伊勢神宮での新婚の幸せそうな男女、高校生の人なつっこい態度、神仏に祈

第7話
ドラッカーの手紙「日本へのメッセージ」
一九五九年八月二〇日　デンバー

りを捧げる農民たち、こういった方々に接する機会を持てたことは、感動的な記憶として私の胸に刻まれた。私にとって、とても貴重な体験となった。その中でも、一番印象に残ったことは、日本は生活と仕事を楽しんでいるということだった。

日本の第二の印象は、日本の美術だった。芸術の熟達とその偉大さだった。私は以前から日本の墨絵をこよなく愛してきた。日本の絵画やその複写からは、日本の美術の本当の凄さをとうてい汲み取れるものではないことがわかった。圧巻だった。見事だった。日光の東照宮、京都の桂離宮、奈良の中宮寺の仏像の気品、宇治の鳳凰堂の美しさ、伊勢神宮の調和と平穏。

これら文化の極めて高度な複雑さを簡素に統一した気品に溢れていた。それらは、細部を全体に統合し、複雑を簡素に統一し、芸術的熟達と経験の中に、空間を一つの形ある存在として仕上げる、その巧みに日本の偉大さを感じた。

日本の第三の印象は、日本そのものの美しさだ。農地と山林の絶え間ない対照、関西平野を囲む山々の気高さ、箱根の山中の数知れぬ草花、伊勢の大老木、これらの自然の美しき対照、平原と丘陵、岩と水、山と海もさることながら、特に私の心を打ったのは、日本人の達成した自然と人工とのまとまりだった。乱れたところなく整っている田畑の色合い、いく通りかの緑の色合いの中に浮き出る山々と、そこにある村々。それらは単なる天然の美しさではなく、古くから築き上げられてきた人々によって創られた美しさの結晶だ。

一方で残念でならなかったこともあった。職人の手作りで生み出されたデザインと商用につくられた製品のデザインに大きなギャップを感じた。地方は美しいのに、都市の姿はよくないことが残念でならなかった。街並みはどうしてここまでまとまりがないのかと残念だった。日本の農村が美しかっただけに京阪、阪神のエリアは、残念に思えた。東京がシカゴよりいいとか、ロサンゼルスが大阪より悪いというのではない。日本は農村地方であれだけ美的概念を生かしているのに、なぜ都市は醜いのだろうかと考えさせられた。

バスの形、電車のデザイン、靴や家具、オフィスやビル建設などは、アメリカのデザインが機械的に取り入れられているだけで、ただ製造した、ただ生産したという印象しか

第7話
ドラッカーの手紙「日本へのメッセージ」
一九五九年八月二〇日　デンバー

持てなかった。美しさを表現する日本の技術が生かされていないのが残念でならなかった。日本は、優れた能力がありながら、それを放棄していることが残念だった。

都心は、平らな土地が必要だが日本は土地が狭い。したがって、縦の空間を生かしていかなくてはならない。それは入り交じったいろいろなものを一つの空間としてどう生かすかといった課題だ。こういった仕事は、現実には存在しないことや見たこともないものを心の中に思い描く力が必要だ。

食事の時に使われる食器類は、たとえ量産品であってもすべて美しいデザインだった。しかし、商業製品となると、これまで受け継がれてきた優れた日本の技術を応用する努力が忘れられていた。

バス、鉄道、靴、家具、オフィス、ビルなどは、ただ洋式のものが取り入れられているだけで、他の国とは違う日本だけが持つ良さが生かされていない。妙な言い方だが、自分の国の影響が自分の国に生かされていない国は、日本だけかもしれない。

私は、帰国して早々、アメリカの建築家と会った。シアトルの空港でその彼と待ち合わせをした。彼は、日本の建築のデザインに関する本を五冊も持っていた。彼は、プエルトリコで建設している病院の設計を新しいデザインにするために、日本のデザインを学んでいた。

現在、アメリカでは、他の国のものを自分の国に取り入れていくことは、当たり前になっている。

一方、その例外もあった。工場で見た設備のデザインは、日本的デザインを基調とされたものだったし、新型のラジオやカメラも、日本らしいデザインだった。奈良の宿屋のゆったりした開放的なつくりには感銘を受けた。アメリカ式のホテルの形式と日本古来のデザインの技術と現在の世界の仕事に結び付けていく良い兆候だと思えた。

深く考え、詳しく調べて、思い描いたものを形づくる力が必要だ。日本人が持つ勤勉性は、その困難な課題はさして大変でないはずである。私は、日本滞在中に行った講演で、日本は他の国にない計り知れない力を秘めているという話をした。新しいものをはじめてつくり出す力、すでにあるものをもっと素晴らしいものにしてしまう力、他の国が築き上げてきたものを自国のものにしてしまう力だ。

第7話
ドラッカーの手紙「日本へのメッセージ」
一九五九年八月二〇日　デンバー

日本人は、物事を巧みに行い、物事を成し遂げる力がある。空間を美しく生かしていくデザインの創出に、日本人の天賦の才を発揮するチャンスがある。

私の、今回の訪問の目的は、日本のマネジメントにおける、いろいろな課題について話し合うことだった。したがって、日本のマネジメントについて触れることを期待されていることと思う。ここで、日本のマネジメントについて語ることは、表面的ないち部分だけを言っているという、大きな誤解を招きやすいために、ためらいがある。日本を訪問する前から、日本の経営の考え方について下調べしていた。しかし、日本の経営に関する文献にまで目が届かなかった。言葉の壁が大き過ぎたためだ。日本では経営が学問として研究されていることに驚いた。アメリカは方法論に偏っている傾向が強いが、日本は学問的に偏り過ぎている。日本の有名な経営学者に、時間の七割をコンサルティングに費やしていることを伝えた。すると、その経営学者は「では、研究はどうしているのですか？」と聞いてきた。私はその質問に驚いて、答えることができなかった。その質問は、現場は現場で、学問は学問という、いびつな考えのうえに成り立っているものだからだ。その経営学者にとって、経営は紙面上で展開される一つの学問に過ぎなかった。その学者は、経営が現実の中でどう役立つかという考えはまったく持っていなかったのだ。的の外れた質問に私は戸惑い、どう答えていいかわからなかった。

コンサルティングとは、知識を教えることではなく、役立つものを見つけ出し、それを提供することだ。研究そのものだ。現実から学ぶ仕事だ。コンサルタントは、経営者の代わりに仕事をすることではないし、経営者の代わりに考えることでもない。成果をあげるために、やるべきことを、本人が見つけ出すための助けになることがコンサルタントの仕事だ。コンサルタントは、お客様の現実からお客様の現実を知るからこそ、現実の中で役立つ知恵をお客様に提供することができる。

経営は、現実の世界にある。机の上では何もわからない。机の上でできるのは、わかったことを整理することだけだ。経営を行うのは、経営学者ではなく経営者だ。したがって、大学の教授もコンサルタントも現場を知らなければ話ははじまらない。経営は実践であるがゆえに、正しいかどうかではなく、うまくいったのかうまくいかなかったのかという現実を知らなければならない。その現実の中から役立つものを見つけ出さなさなければならない。そのためには、椅子に座って考えるのではなく、企業に行って、現場に入って、経営者と会い、経営者と話し、経営者の現実を見なければならない。そうやって、経営者から現実を学ばなければならない。

理論と実践は、相容れないものだと言っているのではない。理論と実践は対照的ではあるが、けっして対立するものでもない。理論は実践できてはじめて価値がある。われわれが進歩していくためには、たまたまできた優れた仕事を当たり前のようにできるようになっていかなければならない。その実践のためのツールとして理論が必要なのだ。理論は実践の中からでしか生れない。ところが、日本の経営学者は、理論と実践のうち、完全に実践を失っている。

経営学者は、もっと経営者から実践を学ばなければならない。もっと現実を見て、現実を知り、現実から学んでほしい。これは、成果をあげるために必要なことである。同じように、経営者も成果をあげるために、もっとコンサルタントや学者を使って理論を活用してほしい。これも、成果をあげるために必要なことである。

人間の力を一つのまとまりにする方法を体系化する仕事は、かなり時間を要する。それは経営者の仕事ではない。方法を活用するのは経営者であっても、方法を生み出す仕事は、経営者ではなく、コンサルタントの仕事だ。経営者は成果をあげるために、本業に集中すべきだ。繰り返しになるが、

コンサルタントは経営者から学び、経営者はコンサルタントを使えと言いたい。

日本の経営者についてどう感じたかというと、単刀直入に言わせていただくと、去る七月箱根のセミナーで、第二回の参加者に伝えた通りである。

率直に言って私は、皆さんほど、まじめに熱心に研究し、皆さんほど気取らず心から学ぼうと意欲ある人とともに仕事をしたことは、かつてなかった。これは、けっしてお世辞ではない。そして、敢えて苦言を言うならば、このセミナーに参加した約一二〇名の日本の経営者は、どうも自己批判がすぎるようだった。日本の経営のやり方についても、非常に反省的だった。

日本は、驚異的な発展を二度も成し遂げている。一つは、明治時代の経済的成長だ。明治維新ほど早く国を発展させることができた国に他にない。それは、国の秘密警察によ

って強制的に進められたものではなく、その快挙は献身的な努力と勇気の結晶である。もう一つは、敗戦後の見事な再建である。

持っている強みがわからずに自己否定してしまえば、自らの強みは生かされず、その強みを自ら破壊してしまう。したがって、日本の経営者は問うべきことは、次のとおりである。日本は世界の見本となる、その役目を果たすために、日本の経営者は次のことを問い続けてほしい。その問いに対する答えをもって明日への行動を起こしていってほしい。

われわれがこれまで成功したものは何か？
われわれはどんな強みを生かして何を創り出していくべきか？
われわれは変革の中にあって未来に何を生み出すべきか？
われわれは変革の中にあって未来に何を継承すべきか？
われわれが持っている独自の知恵は何か？

一九五九年八月二〇日　デンバーにて　ピーター・F・ドラッカー

明日の社会

前項で紹介したドラッカーの問いは、私たちの課題を私たち自ら見つけ出すことを助けてくれる。

一九三九年、ドラッカーはこう言った。

「いまは社会から隠遁している者たちが、今度は「経済人」の枠を越えて新しい非経済的な社会的実体を生み出し自由をもたらすに違いない。」

ここで言う経済人とは、「お金がすべてと考える社会」のことで、新しい非経済的な社会的実体とは「**人と人を結ぶ絆**」を差している。経済といっても、それは人間の絆が生み出す活力の結果である。人間の豊かな精神活動があってはじめて成り立つ。

いま一般庶民である無名の私たちが、「お金がすべてと考える社会」の枠を越えて、「**人と人を結ぶ絆**」を生み出し、人間が自分の人生に自ら由（みずからよし）と言える何かを

第7話
ドラッカーの手紙「日本へのメッセージ」
一九五九年八月二〇日　デンバー

もたらそうとしている。

そして、一九九〇年、ドラッカーは次のようなことを語った。

「日本の企業のリーダーは、新しい現実を受け入れなければならない。なぜなら、歴史が変わる時だからである。日本を発展させてきた様々な意思決定は、私が一九五九年に初めて日本に訪れた頃、これまでと同じようにはやっていけないという現実に直面したリーダーたちによって行われた。そして、日本は、当時のリーダーたちが考え抜き、築き上げた軌道に乗って歩んできた。現在、日本は、これまでと同じようにはやっていけないという現実に直面している。再び考え抜くときがきている。」

私たちは、新しい現実を受け入れ、再び考え抜き、今まさに様々な意思決定を行わなければならない。そして私たちは。その課題を自ら見つけ出していかなければならない。

リーダーに必要なものは、「高い志」を超えた「**善き志**」である。ドラッカーの問いは、私たちの内にある「**善き志**」を呼び起こし、私たちをより良い方向へと導いてくれる。社会を創るのは、「一人の非凡な力」ではなく「**大勢の平凡な絆**」である。
最後にドラッカーの言葉を紹介して終わりたい。

「**そのあなたがいまやリーダーである。**」

あとがき

最後までお読みいただき、ありがとうございます。

本書の執筆に際して、ご指導頂いたドラッカー学会顧問の野田一夫先生、ドラッカーを日本に招いた当時の記録資料のご協力をいただいた一般社団法人日本経営協会の平井充則理事長及び、同会のご関係者の方々に深く感謝申し上げます。

本書を推進してくださった株式会社ネクシィーズグループの近藤太香巳代表、そして、いつも私を激励してくださったＶＡＶ倶楽部の近藤昌平会長に心よりお礼申し上げます。

また、今日まで私を支えてくれた出版社の方々に心から感謝申し上げます。

今、大勢の方々との絆によって、本書を世に送り出せた喜びを感じています。ありがとうございました。

山下淳一郎

『日本に来たドラッカー』刊行に寄せて

一般社団法人日本経営協会
理事長　平井充則

この度、山下淳一郎氏が『日本に来たドラッカー』を上梓されたことは、ドラッカーを我が国に初めて招聘した本会にとって意義が深く、山下淳一郎氏の執筆への熱い想いとそのご労苦に心から敬意を表する次第です。

本書にもある通り、ドラッカーの招聘は、本会の当時の経営陣が野田一夫先生の監修のもとに翻訳された『現代の経営』に触れ、ドラッカーの経営を日本に紹介し広めていくことが我が国経営の近代化を図るために必要であるとの強い決意から、公益法人（当時は社団法人）の使命として啓発運動を起こしたものです。

通信手段が脆弱な時代に二年余りにわたって粘り強く交渉を重ねた結果、奇しくも本会創立十周年にあたる一九五九年に初来日が実現しました。その後、数次にわたる来日セミナーや交流を通じて、新進気鋭の経営者の方々が、ドラッカーの経営の本旨本質を学ばれ、幾多の企業が世界的規模に躍進を遂げられました。その端緒となる一大プロジェクトに関係各位のご助力を得ながら携われたことは、現在も本会の誇りとするところです。

本書は、その経緯を詳《つまび》らかにされ、改めてドラッカーの経営の真髄をわかりやすく表されたものです。

ドラッカーは、経営学にとどまらず、若い頃から心理学、社会学などの学問分野をはじめ、哲学、文学、歴史、美術、芸術など幅広い分野で一流の知識人と直に接して豊かな教養と見識を身につけたことが、彼の大きなスケールを形成したと言われております。ドラッカーの経営は多様な視点や深い洞察に富み、本質を見極めて経営にあたることの重要性を現在の私達に鋭く、かつダイナミックに示しており、未来への示唆に溢れております。ドラッカーの信奉者が今も数多く存在する理由は、まさにここにあるのでしょう。

本書の刊行を機に、いま再びドラッカーの多くの示唆を見つめ直し、新しい価値の創造を通じて我が国経営の発展に貢献するという本会の使命を果たしてまいりたく存じます。

参考文献

本書執筆にあたり、次の著作の一部を引用した。加えて、一般社団法人日本経営協会に資料の提供および長文の引用について許可をいただいた。

- 『The End of Economic Man』（New York: The John Day Company）
- 『The Future of Industrial Man』（New York: The John Day Company）
- 『Concept of the Corporation』（New York: The John Day Company）
- 『The Practice of Management』（New York: Harper & Brothers）
- 『Landmarks of Tomorrow』（New York: Harper & Brothers）
- 『Gedanken fur die Zukunet』（Dusseldorf :Beri Econ Verlag Gmbh）
- 『Toward the Next Economics and Other Essays』（Butterworth-Heinemann Ltd,）
- 『ドラッカー招聘時の保存資料』一般社団法人日本経営協会

●『事務と経営』 一般社団法人日本経営協会
●『ドラッカーセミナーテキスト』 一般社団法人日本経営協会
●『ドラッカーの経営哲学』（ドラッカー著 日本経営協会編） 日本経営協会
●『変貌する産業社会』（ドラッカー著 野田一夫訳） ダイヤモンド社
●『経済人の終わり』（ドラッカー著上田惇生訳） ダイヤモンド社
●『新しい社会と新しい経営』（ドラッカー著 現代経営研究会訳）
●『企業とは何か』（ドラッカー著上田惇生訳） ダイヤモンド社
●『現代の経営』（ドラッカー著 上田惇生訳） ダイヤモンド社
●『マネジメント』（ドラッカー著 上田惇生訳） ダイヤモンド社
●『ドラッカー20世紀を生きて』（ドラッカー著 牧野洋訳） 日本経済新聞出版社
●『ワールドアルマナック』 経済界

著者
山下 淳一郎（やました・じゅんいちろう）

トップマネジメント株式会社　代表取締役
一般社団法人日本経営協会専任講師

1966年東京都渋谷区出身。大学卒業後、外資系コンサルティング会社にて、上場企業にドラッカーを実践する支援を行う。独国フランクフルト、米国ミネソタ州ミネアポリスで勤務。その後、中小企業の役員、上場企業の役員に就任し、「経営にはチームが不可欠である」ことを痛感。現在はドラッカー専門の経営チームコンサルタントとして、上場企業をはじめ、様々な企業に経営チームの構築と運営の支援を行うほか、次期経営者育成を目的としたマネジメント教育に携わる。淑徳大学経営学講師。ドラッカー学会会員。

著書に『ドラッカーが教える最強の経営チームのつくり方』（総合法令出版）、『なぜ、あのガムの包み紙は大きいのか ドラッカーに学ぶお客様を幸せにする会社の作り方』（KADOKAWA）、寄稿に『人材育成の教科書』（ダイヤモンド社）がある。「ITmedia エグゼクテイブ」で『ドラッカーに学ぶ成功する経営チームの作りかた』、ビジネス誌月刊 BOSSで『ドラッカーに学ぶ、これからの経営』を連載。

□ご感想はこちらへ
info@topmanagement.co.jp

トップマネジメント株式会社

大手企業、中堅企業の経営チームを支援するドラッカー専門のコンサルティング会社。「トップマネジメントチームの構築」「経営理念、ミッションの構築」「経営人材の育成」「次期経営者の育成」「経営計画の作成」を通じて、企業が将来にわたって繁栄する経営基盤をつくる支援を行っている。

□ 公式URL　http://topmanagement.co.jp/

日本に来たドラッカー

２０１６年11月29日　初版第一刷発行

著　者――――山下淳一郎
発行者――――脇坂　康弘
発行所――――株式会社　同友館
〒113-0033
東京都文京区本郷3-38-1
TEL 03-3813-3966
FAX 03-3818-2774
http://www.doyukan.co.jp/

装丁&本文デザイン―― 小松　学（ZUGA）
印　刷――――三美印刷
製本所――――東京美術紙工

Printed in Japan　ISBN978-4-496-05240-8